MANUAL DE SEMÂNTICA

Dados Internacionais de Catalogação na Publicação (CIP)
(Câmara Brasileira do Livro, SP, Brasil)

Oliveira, Luciano Amaral
   Manual de semântica / Luciano Amaral Oliveira. 3. ed. – Petrópolis, RJ : Vozes, 2017.
   Bibliografia.
   ISBN 978-85-326-3692-8
   1. Linguística 2. Português – Semântica 3. Semântica I. Título.

08-03918   CDD-401.43

Índices para catálogo sistemático:
1. Semântica : Linguagem e comunicação : Linguística   401.43

LUCIANO AMARAL OLIVEIRA

MANUAL DE SEMÂNTICA

EDITORA VOZES
Petrópolis

© 2008, Editora Vozes Ltda.
Rua Frei Luís, 100
25689-900 Petrópolis, RJ
www.vozes.com.br
Brasil

Todos os direitos reservados. Nenhuma parte desta obra poderá ser reproduzida ou transmitida por qualquer forma e/ou quaisquer meios (eletrônico ou mecânico, incluindo fotocópia e gravação) ou arquivada em qualquer sistema ou banco de dados sem permissão escrita da editora.

CONSELHO EDITORIAL

Diretor
Gilberto Gonçalves Garcia

Editores
Aline dos Santos Carneiro
Edrian Josué Pasini
José Maria da Silva
Marilac Loraine Oleniki

Conselheiros
Francisco Morás
Leonardo A.R.T. dos Santos
Ludovico Garmus
Teobaldo Heidemann
Volney J. Berkenbrock

Secretário executivo
João Batista Kreuch

Editoração: Elaine Mayworm
Diagramação: AG.SR Desenv. Gráfico
Capa: Cumbuca Studio

ISBN 978-85-326-3692-8

Editado conforme o novo acordo ortográfico.

Este livro foi composto e impresso pela Editora Vozes Ltda.

Para aqueles que me ajudam a me significar:
> Ivone
> Edvaldo (em memória)
> Dinho
> Luciana

Agradecimentos

Não poderia deixar de expressar meus agradecimentos ao meu irmão Dinho e a minha companheira Luciana pelos comentários; aos meus amigos Agílson e Railton pelo constante apoio; ao Prof. Dr. Luiz Angélico da Costa pelas conversas sobre tradução; à Profa. Dra. Adrienne Lehrer pelos textos enviados; e ao Prof. Dr. D. Alan Cruse pela troca de ideias e pelo texto enviado.

Sumário

Introdução, 9

1. Semântica, filosofia e linguística, 13

2. Semântica formal, 35

3. Semântica histórica, 47

4. Semântica estrutural, 59

5. Semântica, gerativismo e cognição, 85

6. Semântica e pragmática, 102

7. Significado literal e interpretação textual, 138

8. Semântica e ensino, 153

Referências, 167

Notas: trechos originais, 177

A história da semântica está no seu futuro.

Hugh Walpole, 1941.

Sem o significado, a linguística não pode existir.

W.S. Allen, 1950.

A história semântica da palavra "significado" ainda está para ser escrita.

Stephen Ullmann, 1957.

Todo texto quer que alguém o ajude a funcionar.

Umberto Eco, 2004.

Introdução

O ensino de linguística no Brasil tem se modificado bastante desde que ela foi introduzida nos currículos dos cursos de Letras na década de 1960. Inicialmente o foco era a estrutura, marca da influência saussuriana e do gerativismo chomskyano. Atualmente, a influência pragmática se faz presente nos currículos, levando muitos estudantes a abordarem questões acerca da variação linguística, da análise do discurso e da produção textual, por exemplo. Entretanto, uma área que ainda carece de mais atenção nos cursos de Letras é a semântica. E é disto que este livro trata.

Manual de semântica é um livro introdutório. Seu objetivo é apresentar aos leitores informações e reflexões sobre os estudos do significado e de fenômenos semânticos. Por isso, diferentes e importantes visões teóricas foram escolhidas para serem abordadas aqui.

No primeiro capítulo, "Semântica, filosofia e linguística", mostra-se que os estudos do significado não são uma novidade: eles são feitos desde a Grécia Antiga pelos filósofos. Por que, então, só recentemente o interesse de linguistas para com o significado começou a se intensificar? A resposta a essa pergunta surge a partir da análise de duas questões epistemológicas importantes para a semântica: (1) qual o objeto de estudo da semântica? e (2) o que é significado? Teóricos de importância histórica para a semântica são resgatados neste capítulo, dentre os quais se podem mencionar Platão, Aristóteles, Michel Bréal, John Lyons, Stephen Ullmann e Leonard Bloomfield, este por uma influência não muito positiva para os estudos do significado, a qual merece menção. Dois dos fenômenos abordados aqui são a polissemia e a homonímia.

O segundo capítulo, "Semântica formal", trata das relações entre o significado nas línguas naturais e a lógica. Atualmente, a semântica formal ainda se encontra muito mais próxima da filosofia do que da linguística, apesar do esforço de seus adeptos para mudar esse quadro. Por isso, este capítulo faz considerações acerca da possibilidade de se estudarem as línguas naturais sob o arcabouço da lógica formal. Afinal, a pergunta que muitos teóricos fazem é: se a língua natural não é lógica, como abordá-la de forma lógica? Nesse sentido, a questão das condições de verdade é analisada. Dentre os teóricos consultados para a construção das reflexões presentes no capítulo encontram-se Gottlob Frege, Frederick Strawson, William Alston, Umberto Eco, Gennaro Chierchia e José Borges Neto.

"Semântica histórica", o terceiro capítulo, informa sobre o início da semântica enquanto uma disciplina linguística. Como os estudos linguísticos começam a tomar contorno com as pesquisas sobre as mudanças linguísticas, no século XIX, tendo, portanto, um caráter histórico, a semântica toma por primeiro objeto as transformações de significado que as palavras sofrem ao longo do tempo, conforme proposta do criador do termo *semântica*, Michel Bréal. Assim, tipos de mudanças semânticas são apresentados, revelando-se a influência do contágio linguístico, dos tabus, das transformações sociais e da metáfora nos processos de mudança de significado.

O capítulo 4, "Semântica e estruturalismo", trata dos estudos semânticos do ponto de vista do estruturalismo de tradição saussureana. Iniciando-se com uma breve revisitação de pontos-chave do pensamento saussureano, o capítulo apresenta as ideias de adeptos da semântica estrutural, como Jost Trier e sua teoria dos campos e Eugenio Coseriu. Conceitos importantes são abordados, dentre os quais destacamos os seguintes: sinonímia, antonímia, hiperonímia, lacunas lexicais, estrangeirismos, triângulo semiótico, campo lexical, campo associativo, lexema, arquilexema, análise componencial e componente semântico.

Embora o gerativismo seja uma vertente estruturalista, optou-se por reservar um capítulo para analisar a posição dos adeptos do gerativismo a respeito dos estudos semânticos. Dessa forma, o quinto capítulo, "Semântica, gerativismo e cognição", contrasta a semântica interpretativa com a semântica gerativa para mostrar como as controvérsias acerca dos estudos do significado causaram um racha dentro do gerativismo, culminando com o surgimento da semântica cognitiva. Além de posicionamentos teóricos de Noam Chomsky, o pensamento de Jerrold Katz, de Jerry Fodor e de George Lakoff constam neste capítulo. Aliás, foi exatamente Lakoff, juntamente com Mark Johnson, Ronald Langaker e outros adeptos da semântica gerativa, que contribuiu decisivamente para o desenvolvimento da semântica cognitiva, numa reação muito forte ao gerativismo. Dois importantes objetos de estudo da semântica cognitiva são comentados aqui: a prototipicidade e a metáfora.

No capítulo 6, "Semântica e pragmática", parte-se do retorno dos excluídos pela linguística estruturalista, i.e., o uso linguístico e o falante-ouvinte, para tratar de fenômenos semânticos do ponto de vista pragmático. Teóricos como Oswald Ducrot e Carlos Vogt são abordados devido à sua contribuição para a construção da semântica argumentativa. Os filósofos da linguagem John Austin, John Searle e Ludwig Wittgenstein têm presença garantida neste capítulo por causa de sua influência na linguística da fala ou do uso. Sob a perspectiva pragmática, os seguintes fenômenos semânticos não poderiam deixar de ser abordados aqui: ambiguidade, vaguidade, implicitação, pressuposição, subentendidos e atos de fala.

Sendo este um livro sobre semântica, um capítulo foi dedicado exclusivamente a uma discussão sobre o significado literal e a produção de significados textuais. A razão de ser do sétimo capítulo, "Significado literal e interpretação textual", é a resistência que se observa atualmente por parte de alguns acadêmicos em relação ao estatuto teórico do significado literal. A discussão é enriquecida com as ideias de Umberto Eco, Jonathan Culler, Terry Eagleton e Stanley Fish, além do pensamento de outros teóricos, com o objetivo de ajudar a quebrar tal resistência.

Finalmente, o oitavo capítulo, intitulado "Semântica e ensino", traz sugestões a respeito de alguns fenômenos semânticos que precisam ser abordados nas aulas de língua portuguesa. Os pontos escolhidos para este capítulo são os campos associativos e sua aplicabilidade didática, a ambiguidade e a construção de sentidos textuais, o uso de palavras de poder evocativo, os sinônimos, os antônimos, a elaboração de definições e o uso de dicionários.

Espero que as reflexões contidas neste livro sejam, de alguma forma, úteis para leitoras e leitores.

1
Semântica, filosofia e linguística

Quando se fala em estudos do significado, o que vem logo à mente das pessoas envolvidas com questões da linguagem é a palavra *semântica*. E é exatamente assim que a grande maioria dos livros didáticos de português e dos livros teóricos sobre linguística define a semântica: o estudo do significado.

Essa é uma definição que transparece uma aparente simplicidade acerca da semântica. Entretanto, as aparências muitas vezes enganam. Afinal, se há algo que podemos afirmar com segurança sobre a semântica é que ela não é simples. Na verdade, a tarefa de se estudar o significado se revela bastante complexa do ponto de vista teórico.

Tal complexidade se deve basicamente a dois fatores. O primeiro são as diferentes perspectivas teóricas que linguistas e filósofos possuem acerca do objeto de estudo da semântica, o que implica a heterogeneidade desse objeto. O segundo fator é uma questão epistemológica básica: a falta de consenso quanto ao que seja significado.

São essas duas questões que este capítulo aborda. Por isso, faremos um breve percurso histórico dos estudos do significado para revelar diferentes perspectivas teóricas e para tecer considerações acerca do conceito de *significado*. Comecemos pela Grécia Antiga.

Os filósofos gregos foram os primeiros a abordarem questões relacionadas ao significado. Não por acaso, da Antiguidade até o começo do século XX, os filósofos dominaram os estudos semânticos. E não poderia ser de outra forma, uma vez que a linguística começa a tomar contornos de disciplina independente apenas no século XIX, consolidando-se no século XX.

Você já notou como parece não haver nenhum assunto relacionado à linguagem que não tenha sido, de alguma forma, abordado pelos filósofos gregos antigos? É impressionante. No caso dos estudos do significado, a situação não poderia ser diferente: apesar de o termo *semântica* ter sido criado no século XIX, como será visto mais adiante, o significado já era assunto das conversas daqueles filósofos. Vale lembrar: o termo *semântica* tem origem na palavra grega *semantiké*.

Contudo, a busca pela compreensão acerca do significado era apenas um meio para se atingirem outras metas. Na Grécia Antiga, os filósofos estudavam não apenas a origem e a natureza da linguagem, mas também a relação entre a linguagem e o mundo que os circundava. Seu objetivo era bem claro: tentar compreender o conhecimento humano. O estudo da linguagem era um caminho para isso. E nessa busca pela compreensão da relação entre a linguagem e o conhecimento, os filósofos gregos acabaram por realizar importantes reflexões acerca da palavra e do significado.

Por exemplo, Platão, em *Crátilo*, apresenta uma discussão a respeito do significado das palavras. Em um dos diálogos que ocorrem nessa obra, Hermógenes questiona Sócrates a respeito da ideia proposta por Crátilo de que o significado de uma palavra (ou nome) é a coisa (ou o objeto) a que a palavra se refere. Considerando-se essa concepção procedente, haveria uma relação intrínseca e natural entre nome e objeto. Em um determinado trecho do diálogo, Hermógenes fala a respeito dessa relação: "Eu devo explicar a você, Sócrates, que nosso amigo Crátilo tem discutido a respeito dos nomes; ele diz que eles são naturais, não convencionais; não uma porção da voz humana a qual os homens concordam em usar; mas que há uma verdade ou uma correção nos nomes, a qual é a mesma tanto para os helenos quanto para os bárbaros" (PLATÃO, 1970: 1)[1].

Entretanto, conceber uma relação direta entre palavra e coisa é comportar-se de uma maneira demasiadamente simplista. Não foi por acaso que essa concepção recebeu muitas críticas por parte de estudiosos ao longo da história. Afinal, como é possível demonstrar-se a existência de uma relação natural e intrínseca entre uma palavra e o objeto ao qual ela se refere e o qual ela representa no pensamento?

No século XVII, John Locke (1970 [1690]) manifestou-se a esse respeito, lembrando que a função das palavras é permitir a comunicação entre pessoas e que as palavras resultam de convenções sociais. Para ele, se as palavras, que são usadas pelos homens como signos de suas ideias, fossem usadas por causa de uma conexão natural entre determinados sons articulados e determinadas ideias, haveria uma única língua entre os homens. Assim, ele conclui que há uma imposição voluntária, por meio da qual uma determinada palavra é arbitrariamente transformada na marca de uma determinada ideia.

No século passado, Walter Porzig (1964: 22) entrou nessa discussão e sugeriu que uma tentativa de se demonstrar uma relação natural entre palavra e significado poderia ser feita por meio da associação entre as coisas do mundo e os sons da linguagem humana, como acontece com as palavras onomatopeicas ou icônicas. Para Porzig, é possível argumentar que muitas coisas do mundo são sons ou chamam a nossa atenção pelos sons que produzem: "é possível imitar o mundo dos sons por meio dos sons da linguagem. E em todas as línguas do mundo está realizada esta possibilidade em determinada extensão"[2].

Contudo, com uma análise minuciosa, ele demonstra que não é possível explicar uma relação natural entre palavra e objeto por meio da associação entre os sons da linguagem humana e as coisas a que esses sons se referem pelo fato de tal associação não pertencer inerentemente à linguagem humana em geral, mas, sim, às idiossincrasias das línguas particulares. É por essa razão que os sons produzidos pelos animais, por exemplo, são representados por palavras diferentes em línguas diferentes – observe-se que, para o falante-ouvinte nativo do português, o cachorro faz *au-au* [aw aw]; para o falante-ouvinte do inglês, ele faz *woof-woof* [wʌf wʌf] ou *bow-wow* [baw waw]; para o falante-ouvinte do alemão, ele faz *wau-wau* [vaw vaw]. (É por isso que algumas pessoas, ao receberem essa informação, perguntam jocosamente se um cachorro brasileiro e um cachorro alemão se entendem, já que eles ladram em línguas diferentes.)

Mesmo na Antiguidade, comenta Maria Helena Marques (1996: 26), a visão teórica que admite uma relação natural entre nome e coisa não era aceita pacificamente, havendo aqueles que achavam que o significado das palavras é estabelecido de maneira arbitrária e convencional por meio da comunicação entre os membros de uma sociedade. As seguintes palavras de Hermógenes, em *Crátilo* (PLATÃO, 1970: 3), evidenciam essa colocação de Marques: "tudo são convenções e hábitos dos usuários"[3].

Admitir-se uma relação natural entre um nome e uma coisa implicaria a negação das diferenças entre as línguas. Por exemplo, se um determinado objeto fosse chamado de *porta* em português por causa de uma relação natural entre a palavra *porta* e os objetos que essa palavra nomeia, não poderia haver palavras em outras línguas que significassem a mesma coisa. Consequentemente, palavras de outras línguas, as quais também se referem aos objetos a que a palavra *porta* se refere, como *door* (em inglês), *Tür* (em alemão), *porte* (em francês) e *puerta* (em espanhol), não teriam uma relação natural com os objetos a que a palavra *porta* se refere e, portanto, não existiriam. Mas elas existem, confirmando as palavras de Locke citadas anteriormente.

Aliás, você já reparou que nem mesmo as línguas naturais são tão naturais quanto parecem? Pois é. Os linguistas costumam se referir às línguas faladas pelos humanos dessa forma: *línguas naturais*. Entretanto, como lembra Jacob Mey (1994: 59-60),

> [...] a fala se torna tão natural para nós que até usamos o adjetivo "natural" para definir uma língua que nós percebemos como sendo o oposto de línguas verdadeiramente artificiais, *e.g.* a linguagem de computador e a linguagem lógica. Mas, *stricto sensu*, não há algo como língua natural; as línguas que temos são as que se desenvolveram como artefatos da sociedade, entre usuários e para usuários[4].

Se as línguas não são naturais, seus fenômenos, como os significados das palavras, também não são. Portanto, a visão naturalista do significado, segundo a qual há uma relação natural e intrínseca entre significado e palavra, não se sustenta, apesar de ter seduzido muitas pessoas durante muito tempo. Contudo, a reação contrária que ela gerou serviu de estímulo para a busca de uma explicação mais satisfatória sobre a relação entre a palavra e o significado. O resultado dessa busca foi a visão convencionalista do significado, segundo a qual o significado de uma palavra é arbitrário, determinado socialmente, i.e., convencionado pela comunidade linguística.

A noção de convenção é de fundamental importância para o funcionamento de uma comunidade linguística. Theo Hermans (1995: 7-8) explica que a convenção tem uma função reguladora importante dentro de um grupo social: ela "restringe o número de opções praticamente disponíveis em situações recorrentes de um determinado tipo, oferecendo uma opção particular como aquela que se sabe ser a preferida por todos os envolvidos" e, conclui Hermans, "ao fazer isso, ao promover coordenação, a convenção torna o comportamento de todos mais previsível, reduzindo a incerteza e a contingência"[5].

Eve Clark (1992: 172) lembra que o entendimento mútuo e a consistência dos pares forma-significado ao longo do tempo são características necessárias para que um sistema de comunicação como a linguagem funcione: "Sem convencionalidade, não fica claro como os falantes e seus ouvintes poderiam atingir uma concordância acerca das interpretações daquilo que os falantes estavam tentando transmitir"[6]. Vale ressaltar que a consistência mencionada por Clark não é a mesma coisa que imutabilidade. Os significados se alteram ao longo do tempo, modificando a relação existente entre os pares forma-significado, que se mantêm consistentes até acontecerem outras mudanças de significado.

Stephen Ullmann (1957: 84) faz um importante alerta a respeito do termo *convencional* no sentido de que ele não seja entendido em sua conotação etimológica, o que implicaria um acordo explícito, ou até mesmo tácito, sobre um valor simbólico: "tudo que ele significa é a ausência de qualquer motivação ou justificativa intrínseca, de qualquer conexão 'natural' entre o nome e o sentido"[7]. Assim, do ponto de vista convencionalista, os significados das palavras são determinados pelas convenções da comunidade linguística e não pelos caprichos individuais de cada falante ou pelos caprichos da natureza. Do contrário, a comunicação entre os membros de uma mesma comunidade linguística seria inconcebível.

E por que a comunicação seria inconcebível? Ora, imagine-se uma comunidade onde cada indivíduo decidisse, por conta própria, quais significados deveriam ser atribuídos às palavras: o caos linguístico se instalaria e ninguém se entenderia. Seria um comportamento semelhante ao de Humpty Dumpty, o rebelde personagem oval de Lewis Carroll (1891), em *Alice no país dos espelhos*, para quem as palavras têm os significados que ele quiser dar a elas. Nesse sentido, não há como se fugir da convencionalidade do significado (a não ser que se esteja no *País dos espelhos* ou no *País das maravilhas*).

Uma outra reflexão importante sobre os significados das palavras foi realizada por Aristóteles ao propor a palavra como a unidade mínima do significado. O filósofo grego dividiu as palavras em dois tipos: aquelas que possuem significado mesmo quando estão isoladas e as palavras que possuem significado apenas quando estão em relação sintagmática, em combinação com outras palavras, servindo somente como meros instrumentos gramaticais, como a preposição *de*, por exemplo.

A distinção entre esses dois tipos de palavras foi aceita por vários linguistas. John Lyons (1995) usa as denominações *palavras cheias* em oposição a *palavras* *vazias* ou *palavras funcionais*. Para Lyons, apesar de a distinção entre esses dois tipos não ser sempre muito clara, ela é intuitivamente reconhecível e se correlaciona com a distinção entre palavras que pertencem a classe abertas, e.g. verbos e nomes, e palavras que pertencem a classes fechadas, e.g. preposições, artigos e conjunções. Ele lembra que o termo *lexema* * é usado por muitos linguistas para se referirem às palavras cheias. Outros termos para se referir a palavras cheias e palavras vazias, respectivamente, são *palavras categoremáticas* e *palavras sincategoremáticas*.

Ullmann (1957), que prefere os termos *palavras cheias* e *partículas*, comenta que é um erro chamar de *palavras* elementos puramente sintáticos. Para ele, os artigos, as conjunções, as preposições e os verbos auxiliares são meras ferramentas sintáticas, assim como a entonação, a ordem das palavras e a flexão verbal. Considero essa posição de Ullmann, entretanto, bastante radical. E por quê?

Bem, porque as partículas não são totalmente desprovidas de significado, embora elas sejam menos significativas do que os lexemas. Isso fica evidenciado no fato de as partículas serem mais previsíveis que os lexemas. É por essa razão que telegramas e manchetes de jornais podem omitir as partículas, pois o leitor as recupera facilmente, o que não ocorre com os lexemas. Como lembra Marina Yaguello (1997), num telegrama, "todas as palavras contêm informações". Mas não nos esqueçamos: as palavras gramaticais não estão vazias de significação, como algumas pessoas podem pensar. Observe-se, por exemplo, o caso da preposição *de* na sentença "O cachorro de Josenilda é de um país europeu". Enquanto o primeiro *de* indica posse, o segundo expressa origem, evidenciando a carga semântica dessa partícula.

Alguns linguistas aceitam a ideia aristotélica de que a palavra é a menor unidade de significado, mas muitos outros linguistas postulam a existência de unidades de significado menores que a palavra. Bastante conhecida é a posição de Leonard Bloomfield, para quem a unidade mínima do significado é o morfema. Bloomfield divide os morfemas em livres e presos. Quando o morfema possui um sentido completo, ele é chamado de *morfema livre*, correspondendo a palavras como *jabuti*, *araticum*, *peneira* e *cadeira*. Quando o morfema não possui um sen-

---

* Lembrete básico: nos estudos morfológicos, o termo *lexema* é usado para se referir à forma abstrata, em estado de dicionário, de uma palavra, enquanto *lexia* é a realização do lexema na fala.

tido completo e precisa se unir a outro(s) morfema(s), ele é chamado de *morfema preso*, como os prefixos *anti-* e *des-* em *antiácido* e *desfazer*, respectivamente.

Vinculada à discussão sobre a unidade mínima de significação encontra-se a ideia daqueles que veem o significado da palavra como um conjunto de componentes (ou traços) de significação. Essa ideia deu origem à análise componencial (ou decomposição semântica ou análise sêmica), método que consiste em analisar o significado das palavras em componentes semânticos (ou traços semânticos ou traços distintivos) e que será visto no capítulo 4.

Bem, um outro filósofo grego da Antiguidade que se interessou por fenômenos do significado e que não pode deixar de ser mencionado aqui é Demócrito. De acordo com Ullmann (1964), Demócrito tratou de uma questão importante para a linguística moderna: a multiplicidade de significados. Nela estão inseridas a **polissemia**, i.e., fenômeno semântico em que uma mesma palavra tem dois ou mais significados inter-relacionados, podendo, portanto, ocorrer em contextos diferentes, e a **homonímia**, i.e., fenômeno semântico em que duas ou mais palavras de significados diferentes têm a mesma grafia e/ou a mesma pronúncia.

Esses dois fenômenos do significado são abordados por qualquer manual de semântica usado nos cursos de Letras e por qualquer livro didático de português e ainda geram muita discussão. Vejamos dois exemplos.

A palavra *manga*, cujo significado se aplica a um tipo de fruta, a palavra *manga*, cujo significado se aplica a uma parte da camisa, e a palavra *manga*, forma da terceira pessoa singular no presente do indicativo do verbo *mangar*, são palavras homônimas. Já a palavra *cabeça* é polissêmica por ter, dentre outros, os seguintes significados: "extremidade superior do corpo humano e que contêm órgãos como os que formam o encéfalo, os da visão, os da audição, os do olfato, etc."; "parte da cabeça coberta pelo couro cabeludo"; "a sede da razão, do raciocínio"; pessoa muito inteligente e/ou culta"; "a extremidade mais dilatada de um objeto" (FERREIRA, 1999: 348).

As palavras homônimas podem ser subdivididas em **homógrafas** e **homófonas**. As homógrafas são palavras que possuem a mesma forma gráfica. Por exemplo, *espeto*, substantivo, e *espeto*, forma da primeira pessoa no presente do indicativo do verbo *espetar*, são homógrafas. As homófonas são palavras que possuem a mesma forma fonológica, como os verbos *caçar* e *cassar*, e os famosos substantivos, que aparecem em quase todas as apostilas preparatórias para concursos, *cessão*, *seção* e *sessão*.

Observe-se que os homônimos podem ter a mesma forma gráfica e a mesma forma fonológica, o que os caracteriza como **homônimos perfeitos**. Exemplos de homônimos perfeitos são o substantivo *vela*, significando "peça de lona ou de brim destinada a, recebendo sopro do vento, impelir embarcações ou movimentar moinhos", o deverbal *vela*, que significa "velamento" e o substantivo *vela*, significando "peça que produz a ignição nos motores de explosão" (FERREIRA, 1999: 2053).

As definições podem ser colocadas em termos simples, mas a determinação do fenômeno como sendo polissemia ou homonímia não é uma tarefa fácil de se realizar na hora de se analisarem as palavras e seus significados. Afinal, como é que sabemos se o que ocorre com *cabeça*, por exemplo, é polissemia e o que ocorre com as diversas palavras com a forma *vela* é homonímia? Por que não o inverso?

Essa dificuldade é admitida pelos semanticistas e lexicógrafos, que buscam critérios para decidir se o que ocorre com as palavras que analisam é polissemia ou homonímia. Já se propôs o critério etimológico para isso, mas Lyons (1987: 142) lembra que, embora os lexicógrafos possam sustentar que a etimologia "seja uma condição suficiente para a homonímia, a diferença de origem nunca foi considerada necessária, ou sequer a mais importante das condições diferenciadoras entre homonímia e polissemia". Lyons conclui: "a principal consideração é haver relação entre significados". Assim, analisando-se as três palavras com a forma *manga*, percebe-se que não há qualquer relação de significados entre elas: tipo de fruta, parte de roupa, forma verbal cujo significado se aproxima do significado da terceira pessoa do singular do verbo *zombar*.

Lyons (1987) faz um comentário interessante a respeito da questão da polissemia e da homonímia sob a luz da sincronia e da diacronia. Para ele, mesmo que se evidencie por meio de estudos diacrônicos que os significados de determinadas palavras estão relacionados entre si, comprovando a polissemia das palavras em questão, o que importa é a percepção sincrônica dos falantes-ouvintes: se os falantes-ouvintes acharem que não há semelhança, eles considerarão as palavras em questão homônimas.

Yaguello (1997: 157-158) demonstra ter uma opinião semelhante à de Lyons:

> Pode dizer-se que dois *sentidos* diferentes de uma mesma palavra (polissemia) são percebidos como duas *palavras* diferentes (homonímia) a partir do momento em que os locutores tenham perdido a consciência da existência de qualquer laço de natureza metafórica ou metonímica entre o sentido primeiro e os sentidos derivados, em suma, quando as figuras estão não apenas extintas, mas enterradas, a ponto de não se poder já reconstruir sua origem.

Parece que a intuição linguística do falante-ouvinte é o critério relevante para a diferenciação entre polissemia e homonímia.

Para Ullmann (1964: 378-379), os homônimos não causam problemas, pois "muitos homônimos só existem em teoria; na prática não há qualquer risco de confusão, uma vez que pertencem a diferentes *classes de palavras*". Vejamos alguns exemplos em português que comprovem a ideia de Ullmann:

a) Quando uma pessoa se casa, as contas aumentam. (VERBO)
b) Josenilda está em casa? (SUBSTANTIVO)

c) A ONU sempre cede às pressões americanas. (VERBO)
d) A sede da ONU fica em Nova York. (SUBSTANTIVO)

e) Zé Tintino é quem capa o gado de Seu Gonzaga. (VERBO)
f) Papai, cadê a capa do CD? (SUBSTANTIVO)

g) Mãinha sua muito nas caminhadas na Barra. (VERBO)
h) Mãinha, sua amiga Estela está aqui! (PRONOME)

i) O rio que passa em Serraria é o Inhampube? (SUBSTANTIVO)
j) Eu rio muito com *Seinfeld*. (VERBO)

> k) Nair, me <u>livre</u> de problemas! Chega de orientação! (VERBO)
> l) O papa-capim está <u>livre</u>. (ADJETIVO)

> m) Dinho, essa ideia não tem <u>sentido</u>. (SUBSTANTIVO)
> n) Luciano tem <u>sentido</u> uma dor na nuca. (VERBO)

Mas será que diferenciar homonímia de polissemia é tão importante para o uso diário da linguagem? Será que algum falante-ouvinte que não seja estudioso da língua vai se importar com essa diferença? É óbvio que não. Só que essa reflexão acerca da diferença entre homonímia e polissemia interessa aos estudantes de Letras, que podem se tornar poetas, romancistas, jornalistas ou consultores de uma agência de publicidade, funções que lidam com as palavras e com seus significados de forma consciente.

Outros exemplos podem ser fornecidos, evidenciando que Ullmann está certo: os homônimos geralmente caem em classes gramaticais distintas, não causando problemas para o seu entendimento. Por outro lado, a polissemia é uma importante fonte potencial de **ambiguidade**, i.e., a possibilidade de mais de um sentido para um mesmo enunciado, como muitos livros-didáticos afirmam.

Entretanto, essa aparente desvantagem que a polissemia causa para a comunicação é realmente apenas aparente. O fato de uma mesma palavra possuir mais de um significado tem uma vantagem linguística essencial para o funcionamento da linguagem: a economia que ela produz, reduzindo a necessidade de haver apenas uma palavra para cada significado. Ullmann (1964: 375) lembra que "é impossível imaginar uma língua sem polissemia, ao passo que uma língua sem homônimos não é apenas concebível: seria, de fato, mais eficiente". A contribuição da polissemia para o fenômeno da ambiguidade existe e, por isso, no capítulo 6, a ambiguidade será abordada com detalhes no que diz respeito à construção de significados.

Michel Bréal (1992: 99), que tem importância histórica para os estudos do significado, chegou a afirmar que a polissemia é um fenômeno vivenciado por todas as línguas das "nações civilizadas" e que "[...] quanto mais um termo acumulou significados, mais se deve supor que ele representa aspectos diversos da atividade intelectual e social". Ora, o fato de Bréal usar o conceito de polissemia para reforçar o etnocentrismo europeu do século XIX e da primeira metade do século XX, considerando as nações europeias civilizadas e outras nações primitivas, demonstra a importância que ele atribuía a esse conceito.

Bem, além das questões relacionadas à multiplicidade de significados, à natureza convencional do significado das palavras e à unidade mínima de significado, questões concernentes a mudanças semânticas também foram abordadas na Grécia Antiga, mais especificamente por Próclus. Por que os significados das palavras se alteram ao longo do tempo? Essa foi a questão levantada por Próclus, a qual será abordada no capítulo 3, totalmente dedicado às mudanças semânticas.

Pelo exposto até aqui, percebe-se que os fenômenos semânticos causam inquietação e curiosidade desde os tempos da Grécia Antiga. Talvez pelo fato de os estudos do significado terem sido abraçados pelos filósofos desde a Antiguidade, o ritmo com que os linguistas têm realizado estudos semânticos não seja muito forte. Michel Pêcheux (1997: 20) chega a afirmar que a semântica "constitui, de fato, para a *Linguística*, o ponto nodal das contradições que a atravessam e a organizam sob a forma de tendências, direções de pesquisa, 'escolas linguísticas', etc." Ele conclui que, "se a Semântica constitui para a Linguística tal ponto nodal, é porque é nesse ponto, e mais frequentemente sem reconhecê-lo, que a Linguística tem a ver com a *Filosofia*".

Pêcheux foi muito feliz em sua análise: ora, se a semântica é o ponto onde a filosofia e a linguística se tocam, é natural que nem sempre seja possível estabelecer uma linha divisória entre as duas no momento de se estudar o significado. Talvez a proximidade estabelecida pela semântica entre a filosofia e a linguística esteja subjacente à recusa de alguns linguistas em estudarem os fenômenos semânticos.

Um desses linguistas foi Bloomfield. A partir de meados da década de 1930, os linguistas começaram a conhecer seus pensamentos estruturalistas, que exerceram uma influência muito forte sobre os linguistas americanos. Ele começou a se destacar nos meios acadêmicos devido às pesquisas que realizou para descrever e catalogar as línguas dos povos indígenas nos Estados Unidos. A experiência que adquiriu nessas pesquisas o tornou um exímio linguista descritivista.

Rigoroso na coleta de dados, criador do método do informante, segundo o qual os dados devem falar por si só, sem permitirem espaço para a interferência do pesquisador, Bloomfield buscava o que havia de observável nas línguas que descrevia, pois acreditava que só é válido cientificamente aquilo que é observável, característica que evidenciava sua postura empirista. Não demorou muito para que ele fosse influenciado pelo behaviorismo, corrente psicológica aliada ao positivismo.

Essa influência é percebida claramente na forma como ele conceitua o significado. Para ilustrar sua definição de significado, Bloomfield (1941: 22) cria a estória envolvendo um garoto chamado Jack e uma garota chamada Jill. Os dois estão caminhando quando Jill diz a Jack que está com fome: "Suponha que Jack e Jill estejam caminhando em uma estrada. Jill está com fome. Ela vê uma maçã numa árvore. Ela faz um barulho com a laringe, língua e lábios. Jack pula a cerca, sobe na árvore, pega a maçã, vai até Jill e a coloca em sua mão. Jill come a maçã"[8]. Bloomfield analisa essa estória e a divide em três partes:

(A) eventos concretos que precedem o enunciado;

(B) enunciado;

(C) eventos concretos que sucedem o enunciado.

A primeira parte diz respeito à fome de Jill e aos efeitos que ela causa em seu organismo, como a secreção de líquidos estomacais e a salivação. A esse conjunto de elementos, que levou Jill a produzir um enunciado, Bloomfield chamou de "estímulo do falante". A terceira parte se refere às ações empreendidas por Jack que culminaram com o ato de dar a maçã a Jill. Bloomfield chamou esses eventos de "resposta do ouvinte". A segunda parte, o enunciado, une as outras duas partes, que constituem o significado do enunciado. Dessa forma, Bloomfield define significado como sendo os eventos importantes com os quais o enunciado está conectado, a saber, os eventos práticos (A) e (C): "Nós definimos o *significado* de uma forma linguística como a situação na qual o falante a enuncia e a resposta que ela inspira no ouvinte"[9]. Essa é a visão behaviorista do significado, que equipara o significado ao referente, presente no momento em que o enunciado é proferido.

A respeito desse e de outros exemplos oferecidos por Bloomfield, K. Hansen (apud IORDAN, 1962: 532) faz uma crítica contundente:

> Quando Bloomfield reduz a língua ao mecanismo de estímulo e reação, isso significa em última análise que o homem só pode entender-se sobre coisas que estejam dentro do seu campo de percepção. Pela escolha dos exemplos não é por acaso que ele recorre a situações muito simples, em que se trata da satisfação das mais elementares necessidades humanas. A língua é finalmente reduzida ao diálo-

go. O lugar da sociedade é preenchido por dois indivíduos, falante e ouvinte, que estão ligados diretamente pela fala.

O próprio Bloomfield (1941: 23) deixa transparecer a fragilidade dessa definição behaviorista de significado, quando ele fala sobre os "fatores de predisposição", i.e., os fatores que produziram a situação narrada na estória de Jill e Jack: Jill falou que estava com fome ao ver a maçã, e Jack incontinenti pulou a cerca, pegou a maçã e a colocou na mão de Jill, que a comeu de imediato. Ora, esses fatores de predisposição podem facilmente ser questionados. E se, por exemplo, Jack não quisesse pegar a maçã? E se a maçã não estivesse madura? E se a maçã estivesse bichada?

De acordo com Bloomfield, é impossível conhecer os fatores de predisposição conectados por um enunciado porque "nosso conhecimento do mundo no qual vivemos é tão imperfeito que raramente podemos fazer declarações precisas sobre o significado de um enunciado"[10]. E já que é muito difícil prever a resposta que um estímulo provoca, a visão behaviorista do significado é insatisfatória para explicar as palavras e os enunciados referentes até mesmo ao que é observável.

A validade da teoria fica ainda mais comprometida devido ao fato de a língua expressar muitas coisas que não são observáveis, como os chakras, o Santo Graal, o unicórnio, o Saci-Pererê e o reino perdido de Atlântida. Entretanto, Bloomfield (1941: 23) achando que o problema não está em sua visão do significado, mas sim na ignorância do ser humano, conclui que a "declaração de significados é, portanto, o ponto fraco no estudo da linguagem, e permanecerá assim até que o conhecimento humano avance para muito além de seu atual estado". Então, ele joga o estudo dos significados para outras disciplinas que não a linguística: "Na prática, definimos o significado de uma forma linguística, sempre que podemos, em termos de alguma outra ciência"[11].

E assim, Bloomfield relegou os estudos do significado a uma espécie de ostracismo teórico, a uma posição de importância secundária, retirando-os do escopo da linguística até que a humanidade saia do estado de ignorância em que se encontra. Para a infelicidade da semântica, ele foi um teórico estruturalista muito influente nos Estados Unidos, levando muitos linguistas americanos a não se interessarem por esses estudos.

A postura relutante em relação aos estudos do significado causada entre linguistas pelo estruturalismo americano provocou o seguinte comentário de W.S. Allen (apud ULLMANN, 1957: 317-318) em uma palestra inaugural na Universidade de Cambridge, Inglaterra, na década de 1950: "O significado, conforme pelo menos um linguista expressou, se tornou um 'palavrão', mas se o nome tende a ser evitado, não há dúvida de que todos os linguistas empregam o conceito, embora alguns não estejam dispostos a admitir pensamentos tão impróprios. E, certamente, sem o significado, a linguística não pode existir"[12].

Iorgu Iordan (1962: 532) também faz uma crítica pelo fato de o estruturalista americano não ter considerado o significado algo palpável: Bloomfield parte, em primeiro lugar, da forma e isso "significa naturalmente que já não faz justiça à língua como meio de comunicação". Mas, em meio ao bombardeio de críticas, surgiu alguém para defender a postura bloomfieldiana.

Charles Fries (1970 [1954]), outro importante linguista estruturalista americano, rebateu a interpretação de que Bloomfield ignorou o significado. Ele admite que muitas das pessoas que leram os materiais e ouviram as discussões dos linguistas americanos de seu tempo (década de 1940, principalmente) ficaram com a impressão de que eles descartaram completamente o significado.

Fries lembra que, às vezes, alguns insistem em dizer que o chamado "repúdio ao significado" no trabalho dos linguistas americanos se origina em Bloomfield. Revelando sua veia positivista, Fries alega que Bloomfield tentou evitar termos mentalistas, como *ideia* e *conceito*, acreditando que as declarações científicas devem ser feitas em termos físicos, o que não significa que ele tenha ignorado o significado ou sua importância para os estudos linguísticos. Fries (1970 [1954]: 163) cita um trecho de uma carta que um amigo seu recebeu de Bloomfield, em 29 de janeiro de 1945, o qual vale a pena citar *in extenso*:

> Tornou-se penosamente comum se dizer que eu, ou melhor, todo um grupo de estudiosos da língua do qual eu sou um, não presta atenção ao significado ou negligencia o significado, ou até mesmo empreende o estudo da língua sem significado, simplesmente som sem sentido... Não é apenas uma questão pessoal que está envolvida nas declarações às quais me referi, mas algo que, permitindo-se que se desenvolva, prejudicará o progresso da nossa ciência estabelecendo-se um contraste fictício entre os estudiosos que consideram o significado e os estudiosos que o negligenciam ou o ignoram. Estes últimos, pelo que eu saiba, não existem[13].

A defesa de Fries e o desabafo de Bloomfield são válidos, no sentido de esclarecerem a escolha metodológica da linguística estrutural americana. Bloomfield tem o direito de defesa, é claro. Entretanto, fica uma pergunta: já que ele tinha consciência da existência dessa má interpretação de sua postura teórica, por que não fez nada de concreto a respeito, além de enviar uma carta pessoal para um amigo, lamentando-se a respeito da situação?

O fato de Bloomfield não ter feito nada a respeito disso contribuiu para reforçar a ideia de que ele relegou os estudos do significado ao ostracismo. Talvez ele devesse ter reagido de outra forma, principalmente por ser um teórico muito influente. Mas não reagiu, o que o colocou, na visão de muitos, como um dos responsáveis pelo atraso no desenvolvimento dos estudos do significado no âmbito da linguística norte-americana. Ullmann (1964: 124) deixa isso bem claro com o seguinte comentário: "embora seja absolutamente errado dizer que Bloomfield não prestou atenção ao significado, não pode haver dúvida de que sua atitude teve uma influência negativa em muitos dos seus continuadores e contribuiu para os afastar dos problemas semânticos".

A postura resistente do estruturalismo americano não foi a única influência negativa para o desenvolvimento dos estudos do significado. Ruth Kempson (1977: 9) reforça a ideia de que a forte influência exercida pela filosofia sobre a semântica sempre causou obstáculos para os linguistas interessados em estudarem o significado: sendo uma disciplina que faz "ponte entre a Linguística e a Filosofia, a Semântica suscita um considerável problema inicial para o neófito, pois grande parte da literatura sobre o assunto a ser examinado é escrita por filósofos e não por linguistas". Além disso, como já mencionei antes, o ritmo lento com que os linguistas, neófitos ou não, têm levado a cabo os estudos do significado se justifica pelo pouco tempo de existência da linguística; pelas duas grandes guerras mundiais, que acabaram por atrapalhar o trabalho de muitos linguistas europeus; e pela dificuldade de se definir um objeto consensual para a semântica.

Atualmente, não há uma teoria semântica que seja considerada satisfatória de forma unânime. (Na verdade, nunca houve e nunca haverá.) E para que uma teoria semântica seja elaborada e aceita unanimemente, ela precisaria estabelecer, com clareza, seu objeto de estudo, que parece ser óbvio: o significado. Entretanto, o conceito de significado não é óbvio nem simples de ser elaborado de forma consensual. Se fosse, alguém já o teria feito. Na verdade, o conceito de significado é a causa maior das controvérsias na semântica, como aponta Jerrold Katz (1972: 1):

> A semântica é o estudo do significado linguístico. Ocupa-se daquilo que as sentenças e outros objetos linguísticos expressam, não com o

arranjo de suas partes sintáticas ou com sua pronúncia. Quase todos concordam com isso. Também concorda-se geralmente que a questão básica da semântica é "O que é o significado?" Mas, neste ponto, a concordância termina e começam controvérsias intermináveis sobre que tipo de coisa é o significado. Há discordância sobre questões de todos os tipos, incluindo a questão fundamental sobre se nós podemos fazer algo com o conceito de significado ou se estaríamos melhor sem ele[14].

Ao afirmar que o objeto da semântica é o significado linguístico, Katz não só reclama a semântica para a linguística, mas também deixa transparecer que há outros tipos de significado, o que implica haver outros tipos de semântica. Isso se confirma com Lyons (1995: 5), ao afirmar que, definindo-se a semântica como "o estudo do significado, haverá muitos, mas interseccionais, ramos da semântica: semântica filosófica, semântica psicológica, semântica antropológica, semântica linguística, e assim sucessivamente"[15].

Percebe-se, portanto, que *significado* não é um conceito claro para os linguistas, que não possuem a mesma ideia quanto ao objeto de estudo da semântica. Karl Reisig e Michel Bréal, por exemplo, os primeiros a notoriamente incursionarem pelos estudos do significado do ponto de vista linguístico, afirmaram que o objeto de estudo da semântica (ou semasiologia, no caso de Reisig) é a mudança de significado que as palavras sofrem ao longo do tempo. Muitos outros linguistas depois deles continuaram a pesquisar a semântica a partir desse recorte. Jost Trier, por sua vez, alinhado ao pensamento estruturalista, estabeleceu a estrutura do léxico de uma língua como o objeto da semântica, criando a teoria dos campos. Já Alfred Tarski e adeptos da semântica formal optaram por estudar as condições de verdade das sentenças. George Lakoff e outros semanticistas cognitivos buscam entender a relação entre significado e cognição. John Austin e John Searle deram mais ênfase aos atos da fala, pois acreditavam que as pessoas usam a língua para realizar ações, como dar ordens e fazer pedidos.

Diante de tal estado de coisas, Algirdas Julien Greimas (1996: 13) afirma ser normal, nos meios linguísticos, perguntar-se "se a semântica possui um objeto homogêneo, se esse objeto se presta a uma análise estrutural, em outras palavras, se se tem o direito de considerar a semântica como uma disciplina linguística". É pelo fato de o objeto da semântica ser heterogêneo que se pode afirmar que há semânticas distintas também: semântica histórica, semântica estrutural, semântica cognitiva e semântica formal, por exemplo.

Por isso, é difícil definir, de forma clara, única e incontroversa, o objeto de estudo da semântica. Não por acaso, os linguistas não têm todos a mesma ideia acerca do objeto de estudo da semântica, o qual pode ser, por exemplo, o significado das palavras, as condições de verdade das sentenças, as mudanças de significado ou os atos de fala. Não há uma resposta consensual para a pergunta "O que é significado?" Obviamente, essa é a questão epistemológica mais séria para a semântica.

Lyons (1987) lembra que ninguém conseguiu apresentar uma resposta satisfatória à pergunta "O que é significado?" Entenda-se o que ele quer dizer com o termo *satisfatória*: uma resposta que satisfaça as diversas vertentes de estudiosos do significado. Lyons propõe a pergunta "Qual o significado de 'significado'?" ao invés daquela pergunta. A razão para esse deslocamento deve-se a duas pressuposições que ele considera necessárias para responder a pergunta "O que é significado?": (1) pressuposição de existência e (2) pressuposição de homogeneidade. Tentar dizer o que é significado implica pressupor que ele existe. Só que comprovar a existência do significado é tarefa árdua, que, até hoje, ninguém conseguiu realizar de forma consensual, contrariamente ao que acontece com os sons da língua. Entretanto, ninguém contesta a existência da palavra *significado*, o que nos permite perguntar "Qual o significado de 'significado'?" Quanto à pressuposição de homogeneidade, como já foi mostrado até aqui, há várias definições de significado, mas não há nenhuma incontroversa e unânime, i.e., homogênea. Mas todos concordam que "significado" é uma palavra e, logo, seu significado pode ser pesquisado.

A dificuldade em se definir significado é tão grande que alguns teóricos, como Charles Morris, chegaram ao ponto de propor que se descartasse o termo *significado*. Lyons (1995) não chega a tal grau de extremismo, mas opta pelo uso do sentido não técnico, popular, de *significado*. E ele não é o único a optar pelo caminho mais simples no que diz respeito a uma definição operacional de significado. Os lexicólogos Howard Jackson e Etienne Zé Amvela (2000) também fazem a mesma opção, usando o termo *significado* no sentido comum, não técnico, sem referência a qualquer arcabouço teórico particular. Eles justificam isso alegando que a maioria dos linguistas concorda que o significado permeia o total da linguagem, apesar de eles não serem unânimes quanto aos termos usados na discussão semântica.

Observe-se que Jackson e Amvela levantam um outro problema importante: a falta de unanimidade quanto aos termos usados na discussão semântica. Ora, se o termo *significado*, fundamental para a semântica, não possui uma definição única e incontroversa, é natural que outros termos acrescentem dificuldades a essa discussão. Por exemplo: a análise componencial é criticada por Lyons devido ao termo *básico* de *componente básico*; Trier sofreu muitas críticas por causa da forma inconsistente com que usou o termo *campo*.

Fica claro, portanto, que existem dois desafios para a epistemologia da semântica: a dificuldade de delimitação do seu objeto e a ausência de uma terminologia que seja aceita e usada pela maioria dos linguistas, sendo seu termo mais central, *significado*, um nó ainda não desatado pelos linguistas. Não foi por acaso que a semântica foi chamada de "Gata Borralheira da linguística" por Kempson e de "parente pobre da linguística", por Greimas.

Talvez Katz (1972) tenha exagerado ao chamar a história da semântica de trágica. Entretanto, é difícil negar que a semântica ainda é uma disciplina um tanto confusa ou, como sugere Greimas (1996: 13), "uma ciência que se procura a si mesma". E nessa procura por si mesma, a semântica vai organizando e reorganizando seus limites, que, na visão de Rodolfo Ilari e João Geraldi (2002: 6), são ainda movediços:

> A palavra ciência evoca domínios de investigações claramente definidos, a respeito dos quais os cientistas aperfeiçoaram métodos de análise unanimemente aceitos e elaboraram conhecimentos coerentemente articulados e fiéis aos fatos. Ao contrário disso, a semântica é um domínio de investigação de limites movediços; semanticistas de diferentes escolas utilizam conceitos e jargões sem medida comum, explorando em suas análises fenômenos cujas relações não são sempre claras: em oposição à imagem integrada que a palavra ciência evoca, a semântica aparece, em suma, não como um corpo de doutrina, mas como o terreno em que se debatem problemas cujas conexões não são sempre tão óbvias.

Mais de um século após Bréal ter criado a palavra *semântica*, a linguística ainda se debate em meio à confusão terminológica em que se encontra submersa a semântica, que ainda procura a si mesma.

Optar pelo uso comum, não técnico, do termo *significado*, seguindo a opção de Lyons e de Jackson e Amvela, é bastante tentador. Para o ofício da tradução, por exemplo, a definição técnica de *significado*, enquanto termo central para a elaboração de uma teoria semântica, não tem a menor importância. Afinal, quando um tradutor está traduzindo, do inglês para o português, por exemplo, uma lista de materiais para uma loja de artigos de jardinagem e se depara com a palavra *nozzle*, e não sabe o que significa, ele precisa apenas consultar o dicionário e descobrir que *nozzle* significa "bico de mangueira". Para ele, não importam as implicações teóricas da construção de uma teoria semântica ou de uma teoria lexicográfica ou as diversas propostas de concepção do significado. Para o propósito da prática tradutória em questão, o significado de *nozzle* é simplesmente "bico de mangueira", não uma ideia, nem um conjunto de estímulos e respostas entre o autor da lista de materiais e o tradutor, nem o uso dado a essa palavra por um usuário da língua inglesa.

Nesse sentido, as palavras de Edward Bendix (1966: 1-2) soam como uma sugestão razoável para os linguistas interessados em estudar o significado, mas que estão preocupados com essa confusão quanto à definição do termo *significado*:

> Uma das razões pelas quais a pesquisa sobre o significado (na língua natural) é tão difícil é a variedade de definições que pesquisadores diferentes têm dado ao termo significado. [...] O problema do linguista, contudo, não é encontrar o significado de significado, em muitos aspectos um conceito nebuloso, mas sim formular uma definição com a qual ele, enquanto linguista, possa trabalhar. Isso não precisa nem ser rotulado com uma definição do termo significado, mas a de algum objeto pesquisável que ele considere justificável chamá-lo provisoriamente por esse nome[16].

Essa orientação de Bendix é interessante: construir uma definição operacional de significado para se realizar uma pesquisa é uma alternativa viável para o semanticista. Vale lembrar que é possível elaborar-se mais de uma definição operacional de um determinado objeto de estudo. Veja-se o caso do gerativismo. Ele conceitua *língua* e *competência* de uma determinada maneira, que pode ser criticada, mas que não pode ser negada como uma ferramenta de trabalho essencial para a pesquisa empreendida por Chomsky e seus seguidores e que não coloca sob suspeita a metodologia usada pelos gerativistas. O mesmo pode ser dito sobre formalistas e funcionalistas, que possuem o mesmo objeto observacional, i.e., a língua, mas que possuem objetos teóricos distintos. E a razão de possuírem objetos teóricos distintos encontra-se na maneira distinta de definirem operacionalmente *língua*, não significando que um ou outro esteja errado.

Talvez a razão pela qual os estudos do significado tenham sido relegados a uma espécie de ostracismo teórico desde o surgimento da linguística seja o fato de não haver uma definição consensual de significado. Mas enfatize-se o "talvez". A ausência de uma definição consensual não é justificativa para que não se dê um pouco mais de atenção aos estudos do significado. Afinal, não há uma definição consensual de língua e nem por isso ela deixa de ser estudada. Além disso, os fenômenos semânticos e o significado não podem ser negados. Eles estão aqui, aí e em todos os lugares onde houver linguagem, mesmo que ninguém os veja. Como lembra, muito apropriadamente, Terry Eagleton (1998: 18), "ninguém, por certo, jamais *viu* um sistema, como ninguém bateu com os olhos na id de Freud, na Universidade de Cambridge ou no Fundo de Assistência à Criança; mas parece precipitado e temerário concluir disso que nenhum deles existe".

Assim, seguindo-se as palavras de Eagleton, negar a existência do significado, e ficar tentado a jogá-lo fora, é precipitado e temerário, mesmo que ninguém jamais tenha visto um significado. A crença na existência do significado e o consenso quanto à dificuldade de defini-lo se plasmam no discurso de linguistas, críticos literários e teóricos da tradução: todos falam do significado partindo do pressuposto de que todos sabem o que é significado. Esse pressuposto existencial do significado dispensa a tarefa complicada de se elaborar uma definição pouco vulnerável de significado, uma entidade que ninguém jamais viu, mas cuja existência teórica ninguém pode negar.

A evidência da existência do significado pode ser facilmente observada. Basta fornecer uma lista de palavras ou sentenças gramaticais, mesmo isoladas, e perguntar a falantes-ouvintes se eles conseguem dizer o que elas significam. Obviamente, as palavras em questão devem ter uma alta frequência de ocorrência no português. Palavras de baixa frequência de ocorrência como *pusilânime*, *azêmola* e *fogo fátuo*, que dependem de um vocabulário passivo mais extenso, obviamente vão causar dificuldades. A intuição do falante-ouvinte vai dar evidência de que algo que, por acaso, é chamado *significado* existe. Mas tal existência não é empírica, no sentido positivista do termo.

A questão, portanto, diz respeito ao tipo de existência de que estamos tratando. Podemos falar em existência empírica, captada pelos nossos sentidos e parte integrante do senso comum. Podemos também falar em existência teórica, na qual se situam os construtos teóricos, como *significado*, *átomo*, *gene*, *reta*, *superego* e *adjetivo*, dentre outros.

Observe-se que até a existência empírica de Shakespeare já foi questionada por alguns teóricos. Se, por um lado, há dúvida sobre a existência de um homem chamado Shakespeare, por outro lado, não há qualquer dúvida sobre a existência teórica de um autor chamado Shakespeare, que é analisado em cursos de literatura de todo o mundo. E o que dizer a respeito de Sócrates? Terá ele existido em carne e osso mesmo ou foi apenas uma criação de Platão? Entretanto, é inegável que Sócrates existe no mundo teórico da filosofia.

Para Marques (1996: 17-18), uma teoria do significado deve dar conta dos diversos fenômenos semânticos, o que pressupõe uma noção de significado submetida a um tratamento científico: "O conceito de significado tem de ser estabelecido com a finalidade de originar e justificar uma teoria semântica. Por isso, esse conceito terá de ser definido a partir de dados empíricos".

Essa posição de Marques merece alguns comentários. Ela está certa ao afirmar que uma teoria semântica depende de um conceito de significado, que é uma necessidade epistemológica básica. Entretanto, o que Marques entende por "dados empíricos"? Ela não diz. Mas, seriam informações fornecidas pelos usuários da língua refletindo sua intuição sobre fenômenos semânticos?

É isso que D. Alan Cruse (1997) tem em mente ao falar de dados semânticos empíricos, afirmando haver duas fontes possíveis de dados: a produção falada ou escrita dos usuários nativos da língua e os julgamentos semânticos intuitivos de falantes nativos sobre materiais linguísticos. Entretanto, como isso poderia levar a uma conceituação científica de significado? Isso não está claro. Aliás, ninguém até hoje fez isso de forma a não causar controvérsias.

A impossibilidade de se construir um objeto teórico consensual na semântica deve ser vista como algo positivo, pois demonstra que há diversas formas de se estudar o significado, contribuindo para a construção do conhecimento a respeito dos fenômenos semânticos. Como lembra José Borges Neto (2004c: 69) ao falar dos estudos da linguagem, "toda tentativa de dar uma abordagem, digamos, 'holística' da linguagem, isto é, toda tentativa de construir um objeto teórico que apanhe todos os aspectos possíveis do domínio – algo como uma teoria 'integral' da linguagem – está fadada ao fracasso". A abstração teórica, i.e., um recorte da realidade a ser estudada, é inevitável e necessária em quaisquer estudos científicos.

O significado não pode ser comprovado à maneira exigida pelo cientificismo positivista. O ponto, na matemática; o ego, na psicanálise; e as supercordas, na física, também não podem ser comprovados dessa maneira. Entretanto, o significado, o ponto, o ego e as supercordas são entidades necessárias para a teorização nas áreas de conhecimento a que pertencem. Pode-se até jogar o conceito de significado fora, como já propuseram alguns teóricos diante da dificuldade de defini-lo. Só não se poderá jogar o significado fora.

Veremos, nos próximos capítulos, diferentes correntes teóricas que se ocuparam de estudar fenômenos semânticos.

2
Semântica formal

Vimos, no capítulo anterior, que o significado começou a ser estudado pelos filósofos na Grécia Antiga. De lá pra cá, a filosofia nunca parou de influenciar os estudos semânticos, mesmo quando eram empreendidos por linguistas. E a **semântica formal** é reflexo dessa influência e tema deste capítulo.

Bem, um dos interesses dos filósofos gregos eram as questões lógicas da linguagem. Aristóteles, por exemplo, já usava a lógica formal na análise de sentenças. Vale lembrar que, de acordo com Paul-Eugène Charbonneau (1986: 19), a lógica formal distingue "os raciocínios verdadeiros dos raciocínios falsos, independentemente do seu conteúdo. Não se preocupa com a *matéria* sobre a qual se apoia o raciocínio, mas apenas com a *forma*. Daí o nome de formal". A lógica formal aristotélica faz uso dos silogismos, que são uma forma dedutiva de raciocínio constituída por três proposições: duas premissas e uma conclusão. Eis o exemplo clássico:

PREMISSA:	Todo homem é mortal.
PREMISSA:	Sócrates é homem.
CONCLUSÃO:	Sócrates é mortal.

Se as duas premissas são verdadeiras, a conclusão necessariamente é verdadeira. Observe-se como o comentário de Charbonneau procede: mesmo que o conteúdo de uma das premissas não seja verdadeiro, se houver uma lógica entre as premissas, a conclusão é verdadeira. Eis um exemplo:

PREMISSA:	Todo homem é fiel.
PREMISSA:	Zé é homem.
CONCLUSÃO:	Logo, Zé é fiel.

Ora, todos nós sabemos, principalmente as mulheres traídas, que nem todo homem é fiel, o que torna a primeira premissa falsa. Há até mulheres que afirmariam que nenhum homem é fiel. Entretanto, do ponto de vista da lógica clássica aristotélica, Zé é fiel. E fim de papo! A forma prevalece sobre o conteúdo. Um outro exemplo é oferecido por Jens Alwood et al. (1995: 17):

PREMISSA:	Se a lua é um pedaço de queijo verde, todo mundo é feliz.
PREMISSA:	A lua é um pedaço de queijo verde.
CONCLUSÃO:	Todo mundo é feliz.

No começo do século XX, alguns filósofos passaram a se dedicar ao estudo das **condições de verdade** das sentenças e da verificação dessas condições por meio da lógica. Assim, seguindo por um caminho distinto do seguido por Aristóteles, os filósofos se dedicaram ao estudo das condições de verdade das sentenças e da verificação dessas condições com uma pergunta em mente: o que torna uma proposição verdadeira ou falsa?

Borges Neto (2003: 17) chama a atenção para um ponto importante: "saber as condições de verdade de uma sentença não é igual a saber se a sentença é verdadeira ou falsa". Isso se deve ao fato de ser possível se saber quais são as condições que tornam uma sentença verdadeira e, ao mesmo tempo, não se saber se a sentença é verdadeira ou falsa. Borges Neto (2003: 17) pergunta "se é razoável identificar *condições de verdade* a significado", responde positivamente e comenta: "Só saberemos quais são as condições de verdade de uma determinada sentença se conhecermos seu significado e, uma vez que conhecemos o significado de uma sentença, sabemos quais são suas condições de verdade". Ele usa a seguinte sentença para ilustrar seu posicionamento: "O número de folhas de grama no jardim é ímpar". Ele afirma que as condições de verdade dessa sentença são facilmente estabelecidas, bastando apenas contar o número de folhas de grama no jardim. Se o número for ímpar, ela é verdadeira. Como é praticamente impossível contar o número de folhas de grama no jardim, fica praticamente impossível verificar se a sentença é verdadeira ou falsa.

Outro exemplo que ele oferece é a sentença "A primeira mulher a pisar na lua é loira", que será verdadeira se, e somente se, a primeira mulher que pisar na lua for loira. Para ele, como nenhuma mulher ainda foi à lua, pelo menos oficialmente (afinal, só Deus sabe o que a Nasa esconde, né?), essa sentença não é verdadeira nem falsa, ou seja, essa sentença não tem valor de verdade. O raciocínio de Borges Neto segue o de Peter Frederick Strawson (1968), pois, como "a primeira mulher a pisar na lua" não tem referente, "nós simplesmente *falhamos* em dizer algo verdadeiro ou falso porque nós simplesmente falhamos em mencionar alguém por meio deste uso particular dessa frase perfeitamente significativa"[17].

Mas, quais são as condições que tornariam essa sentença verdadeira? Ou seja, como se poderia comprovar a verdade dessa sentença, que não tem valor de verdade? Empiricamente: verificando-se a cor dos cabelos da primeira mulher que pisar na lua. Borges Neto (2003: 17) alerta que é preciso ficar claro que, no estudo das condições de verdade de uma sentença, "o significado da sentença está sendo igualado às *condições de verdade* da sentença e não à sua verdade ou falsidade".

Robert Hipkiss (1995), adotando uma posição distinta à de Borges Neto, lembra uma curiosa e já famosa sentença usada para se falar a respeito de referência e referente: "O rei da França é careca". Para Hipkiss, essa proposição é falsa porque a França não é mais uma monarquia e, por isso, não há hoje um referente, i.e., um rei, a que essa sentença se aplique. Ele comenta ainda que alguém pode criar esse referente ao colocar a sentença na boca de um personagem histórico da época da monarquia francesa.

Percebe-se que uma sentença como "O rei da França é careca" causa divergências quanto a ser verdadeira ou falsa. Por essa razão, lembra Lawrence Horn (1997), uma pergunta procede: há uma lacuna entre o que é verdadeiro e o que é falso? Se não há um rei da França, pode-se falar que "O rei da França é careca" é verdadeiro ou falso, ou que "O rei da França não é careca" é verdadeiro ou falso? Ou será que podemos afirmar que essas duas sentenças não possuem o valor clássico de verdade? Horn lembra que houve tentativas de se criar um sistema de multivalores de verdade. Entretanto, essas tentativas não foram satisfatórias, remetendo Horn às seguintes palavras de Strawson (1968: 85): "Nem as regras aristotélicas nem as regras russelianas fornecem a lógica exata de qualquer expressão da linguagem comum; pois a linguagem comum não tem lógica exata"[18].

Aliás, o próprio Strawson (1964 apud HORN, 1997: 304) abordou essa questão intitulando-a de **lacunas de valor de verdade**. Para ele, essas lacunas só surgem quando termos singulares não denotativos ocorrem em posições referenciais, i.e., tipicamente como sujeito ou tópico. Por exemplo, as sentenças (1) e (2) abaixo causariam controvérsia numa discussão sobre seu valor de verdade porque são sobre o Curupira, mas as sentenças (3) e (4) não causariam problemas porque são sobre a UEFS (Universidade Estadual de Feira de Santana):

> (1) O Curupira visitou a UEFS.
> (2) O Curupira não visitou a UEFS.

> (3) A UEFS foi visitada pelo Curupira.
> (4) A UEFS não foi visitada pelo Curupira.

Essa posição de Strawson dá muito pano pra manga, assim como a discussão em torno do valor de verdade de sentenças sobre entidades não referenciais, como "O rei da França é careca". Entretanto, um ponto importante a ser ressaltado aqui, e que é aquilo que nos interessa mais, é o fato de a sentença em questão não estar desprovida de significado, pois os significados das palavras que a compõem são conhecidos pelos falantes-ouvintes de português. O mesmo pode ser dito a respeito da sentença "A primeira mulher a pisar na lua é loira": essa sentença tem significado.

Fica claro, portanto, que uma coisa é saber as condições que tornam uma sentença verdadeira ou falsa e outra coisa é saber o significado da sentença. São duas coisas diferentes, mostrando que o significado de uma sentença não é a mesma coisa que as condições de verdade dessa sentença, o que aponta para a existência do significado literal. E o que dizer da sentença "Hércules veio montado em seu unicórnio"? Ela tem significado? E condições de verdade?

Por isso, como bem coloca Barbara Partee (1997: 27), "nem todos os linguistas estão convencidos de que as condições de verdade têm a posição central (ou mesmo uma posição qualquer) na semântica linguística que a semântica formal dá a elas"[19]. E esse não convencimento tem razão de ser. Se voltarmos à sentença-exemplo de Borges Neto que fala do número de folhas de grama no jardim, não podemos deixar de perguntar uma coisa: para que vamos nos preocupar em saber quais as condições de verdade de sentenças que não têm valor de verdade? Não faz sentido. E o que dizer de sentenças interrogativas como "O que é corpo astral?" Afinal, quais as condições de verdade das sentenças interrogativas?

Não por acaso, a ideia de se verificarem as condições de verdade das sentenças, por meio da observação direta dessas condições, igualando-as aos significados das sentenças, gerou muitas críticas contundentes. Keith Lehrer (1970), por exemplo, lembra que a tentativa de se construir o significado de uma sentença com base em condições de verdade falha por duas razões: (1) todas as afirmações sobre construtos teóricos, como a id, na psicanálise, e o neutrino, na física, não têm valor de verdade, já que é impossível verificar empiricamente a id e o neutrino; (2) as sentenças interrogativas não possuem valor de verdade, logo também não teriam significado sob a perspectiva da teoria das condições de verdade, mas só que as sentenças interrogativas têm significado, sim.

Hipkiss (1995: xi-xii) faz coro com Lehrer e critica os filósofos que seguem a abordagem das condições de verdade por eles deixarem de analisar as proposições que dizem respeito a atitudes, desejos e julgamentos de valor:

> A semântica dos filósofos "realistas" e de teóricos da verdade era apenas uma semântica parcial, na melhor das hipóteses. Na sua paixão por um embasamento na realidade física e adesão à observação e à verificação científicas, eles eram como a escola behaviorista de psicologia, lideradas por John Watson nos Estados Unidos nos anos 1920 e 1930: propensos a acreditar na existência apenas daquilo que eles podiam verificar com precisão física, eles não apenas omitiam metade ou mais da metade das experiências conscientes do homem, mas também, por não considerarem sua relação com a outra metade, eles distorciam a verdade daquilo que eles investigavam[20].

A crítica de Hipkiss procede na medida em que a expressão de sentimentos, desejos e julgamentos de valor é um fenômeno comum e frequente em nossas vidas. É bom deixar claro que as críticas à semântica das condições de verdade não significam que a verdade não tem importância para a comunicação. Vale lembrar a provocação feita por Gennaro Chierchia (2003: 226) ao indagar a respeito do conceito de verdade: "se na comunicação real nos preocupamos tão pouco com a verdade, não seria uma redução ou, pior ainda, um equívoco, fazer do conceito de verdade um dos eixos da semântica?"

A pergunta dele é motivada pelo fato de, aparentemente, o conceito de verdade não desempenhar um papel tão central na maior parte das situações comunicativas concretas. Enfatize-se o advérbio *aparentemente*, pois, como diz o ditado, as aparências enganam. O próprio Chierchia lembra que, ao se comunicarem, as pessoas visam à verdade e pressupõem que seus interlocutores também o fazem, o que é facilmente constatado nos atos comunicativos diários. Por exemplo, quando você pergunta as horas a um transeunte e ele olha para o relógio e responde a sua pergunta, você acredita na informação que esse transeunte fornece. Quando seu médico diz que você precisa tomar um determinado remédio, você acredita que o médico esteja dizendo a verdade. Ou será que você fica se perguntando se o transeunte e o médico realmente disseram a verdade? A verdade é o que torna possível a existência da mentira, que só funciona exatamente pelo fato de o ouvinte pressupor que o falante geralmente diz a verdade.

As considerações de Chierchia mostram a importância do conceito de verdade para a comunicação humana e, consequentemente, para a semântica, mas não livram a teoria das condições de verdade das críticas abordadas anteriormente. E essas críticas são procedentes, servindo de estímulo para os filósofos empiristas quebrarem um pouco a cabeça em busca de argumentos para rebatê-las.

O uso da lógica e o uso da verificabilidade das condições de verdade das sentenças são procedimentos da semântica formal, que também envolve abordagens lógicas e matemáticas para a análise de questões semânticas. Um dos filósofos que ajudaram a abrir os caminhos da semântica formal foi Gottlob Frege, no final do século XIX e no começo do século XX. Segundo Edward Zalta (2005), Frege, que também era matemático, ficou intrigado com as afirmações de identidade, como, por exemplo:

> $2 + 3 = 5$
> Pelé é Édson Arantes do Nascimento.
> A estrela da manhã é a estrela da tarde.
> Dona Ivone é a mãe de Dinho.

Frege raciocinou com base nas formas "a = a" e "b = b". Assim, "2 + 3" é igual a "2 + 3", "Pelé" é igual a "Pelé", "a estrela da manhã" é igual a "estrela da manhã", e "Dona Ivone" é igual a "Dona Ivone". Não há problemas em se aceitar essas identidades, que seguem a fórmula, tautológica e nada informativa, "a = a" ou "b = b"; basta apenas observar se os termos são idênticos.

Entretanto, as identidades que seguem a fórmula "a = b" não são tão simples assim. A significação envolvida nessa fórmula é cognitivamente diferente da significação envolvida na fórmula "a = a". "2 + 3 = 5" só é uma identidade verdadeira se a soma 2 + 3 for igual a 5; a identidade "Pelé é Édson Arantes do Nascimento" só é verdadeira caso se verifique que Pelé é a mesma pessoa que Édson Arantes do Nascimento; "A estrela da manhã é a estrela da tarde" só é verdadeira caso se examine, astronomicamente, que a estrela da manhã e a estrela da tarde são o mesmo corpo celeste; a identidade "Dona Ivone é a mãe de Dinho" só é verdadeira caso se verifique que Dona Ivone e a mãe de Dinho são a mesma pessoa. Para se verificar a igualdade de identidade entre os termos é necessário que se examine o mundo, a realidade.

Intrigado com essas identidades, Frege propôs a distinção de dois elementos no significado de uma palavra ou de uma sentença, os quais são necessários para a atribuição de significado à palavra ou à sentença: a **denotação** e o **sentido**. A denotação é a referência ao fenômeno ou ao objeto do mundo real feita pela palavra ou pela sentença; sentido é a maneira cognitiva pela qual uma pessoa concebe essa denotação.

Assim, "Pelé" e "Édson Arantes do Nascimento" denotam (se referem a) a mesma pessoa, mas possuem sentidos diferentes; "Dona Ivone" e "mãe de Dinho" denotam (se referem a) a mesma pessoa, mas de maneira cognitivamente distinta, pois alguém pode conhecer Dona Ivone e Dinho e não saber que ela é a mãe dele, o que implica sentidos diferentes. Um fato interessante é ouvir Édson Arantes do Nascimento dando entrevistas a respeito de Pelé: ele se refere a Pelé falando "o Pelé", na terceira pessoa, mostrando que "Pelé" e "Édson Arantes do Nascimento" têm sentidos diferentes, embora tenham um mesmo referente.

Exemplo semelhante foi o seguinte comentário feito por um jornalista no programa Bate-Bola no Canal ESPN Brasil, no dia 08 de abril de 2007: "Em breve, Waldemar vai deixar de ser o irmão de Oswaldo e Oswaldo vai ser o irmão de Waldemar". Ele estava se referindo aos técnicos de futebol e irmãos Waldemar Lemos e Oswaldo de Oliveira, que até aquela data era o mais conhecido dos dois devido ao desempenho do Corinthians sob o seu comando. Pelo fato de Waldemar ser pouco conhecido, os jornalistas tendem a se referir a ele como "o irmão do Oswaldo de Oliveira" ou como "Waldemar Lemos, irmão do Oswaldo de Oliveira", pois, se eles disserem apenas "Waldemar Lemos", os telespectadores tendem a não saber quem ele é. Porém, como Oswaldo, até aquela data, não havia mais feito um trabalho bem-sucedido e o irmão estava se sobressaindo, a forma de se referir a Waldemar tenderia a mudar, conforme as palavras do jornalista revelam.

Observe-se um último exemplo, uma situação fictícia: Luciana conhece Dinho, que foi seu professor de inglês e hoje é seu amigo, e conhece Dona Ivone, que foi sua colega em um curso de iniciação musical no Centro Cultural Cuca, em Feira de Santana, mas não sabe que Dona Ivone é a mãe dele. Agílson, astrólogo e tarólogo, conhece tanto Dinho quanto Ivone e sabe da relação entre eles. Um dia Luciana vai fazer uma consulta com Agílson depois de uma recomendação de Dinho e, no começo da conversa, ele pergunta a ela:

> – Quem me indicou pra você?
> – Um amigo meu, Dinho.
> – Dinho? Professor de inglês?
> – É.
> – Ele é um grande amigo meu.
> – Sério?
> – Ah, ele e a mãe dele, Dona Ivone, são meus amigos há mais de vinte anos.
> – Dona Ivone?
> – Você conhece Dona Ivone também?
> – Eu conheço uma Dona Ivone. Ivone Amaral.
> – É ela mesmo. Que legal!
> – Nossa, que coincidência.
> – Cê conhece ela de onde?
> – Nós fomos colegas em um curso de música em Feira de Santana.
> – Que coincidência, mesmo. O mundo é pequeno, né?
> – Pois é. Só não sabia que ela é a mãe de Dinho.

No exemplo anterior, Luciana faz uma descoberta a partir de uma identidade: "Dona Ivone" e "mãe de Dinho" denotam a mesma pessoa. Isso deixa claro que o fato de que "duas expressões com o mesmo referente não têm necessariamente de possuir o mesmo significado; a identidade de referentes não é, pois, uma condição suficiente para a identidade de significados" (FODOR, 1997: 30). Essa é a posição de Frege.

Lyons (1996) faz um alerta importante para o fato de muitos semanticistas considerarem *denotação* e *referência* sinônimos. Para ele, os termos se referem a duas coisas diferentes porque a denotação de uma expressão é invariável e independente do enunciado. Em outras palavras, a denotação é parte do significado que a expressão tem no sistema da língua, independentemente de seu uso em ocasiões particulares de enunciado, ao contrário da referência, que é variável e dependente do enunciado. O alerta de Lyons é procedente. Por exemplo, o lexema *gato*, significando "felino doméstico, etc.", sempre denota a classe dos gatos, enquanto que as expressões *meu gato* e *o gato de meu Tio Arlindo* se referem a membros específicos das classes dos gatos em diferentes ocasiões enunciativas.

A posição de Frege não está livre de críticas. Eco lembra que a expressão *estrela da tarde*, para os falantes de português, não denota um objeto físico de determinadas características e que fica a tal e tal distância da Terra. Ao invés disso, Eco (2001e: 14) acha mais apropriado afirmar que aquela expressão "denota certa *unidade cultural* correspondente, à qual o falante se refere, e que recebeu assim descrita pela cultura em que vive, sem jamais ter tido experiência do referente real". Para ele, a comprovação de que essa posição está correta reside no fato de apenas os lógicos, e não os falantes-ouvintes da língua, saberem que as expressões *estrela da tarde* e *estrela da manhã* se aplicam ao mesmo referente, i.e., o planeta Vênus.

Percebe-se que, para Eco, o problema foi Frege ter incluído o objeto, o referente, em sua visão de significado. Contudo, em defesa de Frege, deve-se deixar claro que ele não equiparou referente a significado, como as **teorias referencialistas** o fazem. William Alston (1970), assim como Frege, faz críticas contundentes às teorias que identificam o significado de uma expressão com seu referente ou com a relação entre uma expressão e seu referente. Ele também lembra que o fato de duas ou mais expressões diferentes poderem se referir a uma mesma entidade não implica que essas expressões possuam o mesmo significado. Por exemplo, as expressões *o Diamante Negro*, *o jogador de futebol criador da jogada conhecida como bicicleta* e *Leônidas da Silva* se referem à mesma pessoa, mas não possuem o mesmo significado. Alston faz o raciocínio inverso para reforçar sua argumentação: pode haver expressões com o mesmo significado e que se aplicam a referentes diferentes. Por exemplo, o pronome *eu* sempre se refere a pessoas diferentes quando enunciado por pessoas diferentes, mas nem por isso ele possui significados diferentes cada vez que uma pessoa diferente o enuncia. Essa palavra sempre significa a mesma coisa: o locutor.

Assim, Alston considera as teorias referencialistas inadequadas para dar conta do significado. Afinal, nem todas as expressões que possuem significado possuem um referente. Além disso, o significado de uma expressão não é a mesma coisa que seu referente nem é a relação que essa expressão estabelece com seu referente. Fica, assim, difícil rebater as críticas de Alston.

Strawson (1968: 70) faz um comentário que reforça a posição de Alston, lembrando que o significado de uma expressão, ou sentença, não é o referente a que ela se refere quando é usada, mas sim o conjunto de regras, hábitos e convenções que permitem que essa expressão, ou sentença, seja usada para se referir ao referente. Ele ilustra essa posição com um exemplo interessante:

> Todos sabem que a sentença "A mesa está coberta de livros" tem significado, e todos sabem o que ela significa. Mas, se eu perguntar: "Sobre qual objeto fala essa sentença?", eu estarei fazendo uma pergunta absurda – uma pergunta que não pode ser feita sobre a sentença, mas apenas sobre algum uso da sentença: e neste caso a sentença não foi usada; ela apenas serviu de exemplo[21].

Algumas palavras de Eco (2001e: 15) servem para resumir a posição de Alston e Strawson: "Toda tentativa de estabelecermos o que seja o referente de um signo obriga-nos a definir esse referente em termos de uma entidade abstrata, a qual não passa de convenção cultural". Para ele, quem identifica o significado com o referente "é obrigado, consequentemente, a riscar de um discurso sobre o significado todos aqueles signos que não podem corresponder a um objeto real". Há como discordar de Eco? Acho que nem os teóricos referencialistas discordariam.

Bem, um nome que está tradicionalmente ligado à semântica formal é Richard Montague. Ele tentou abordar as línguas naturais sob o arcabouço teórico da lógica formal por rejeitar a ideia de que existe uma diferença teórica entre as línguas naturais e as línguas formais. Para ele, a sintaxe é uma álgebra assim como a semântica também é (PARTEE, 1997).

Mas será que as línguas formais e as línguas naturais não possuem diferenças teóricas mesmo? Será que dá para usar a lógica para analisar as línguas naturais?

Oswald Ducrot (MOURA, 2006) pensa que "a lógica não serve em nada para descrever uma língua natural". O problema para aceitar uma posição como a de Montague é que, como diz Mey (1994: 23), "a lógica e a língua são estranhos companheiros de viagem: a quantidade de chão que elas cobrem entre elas não é muito encorajadora, pelo menos para o lógico"[22].

Talvez Mey esteja certo. Afinal, na verdade, a semântica formal tem uma ligação muito forte com a filosofia e, hoje, tenta arduamente se aproximar mais da linguística em alguns países. Partee (1997) informa que a revista especializada mais importante, e a primeira, para o desenvolvimento da semântica formal foi a *Linguistics and Philosophy*. Observe-se que o título revela a vinculação natural com a filosofia. Em 1992, nos Estados Unidos, publicou-se o primeiro número do periódico *Natural Language Semantics*, numa clara tentativa da semântica formal de se integrar à teoria linguística. Já na Holanda, a semântica formal ainda está muito mais próxima da filosofia, da matemática e da lógica do que da linguística.

Provavelmente, uma das razões pelas quais a semântica formal não é popular entre os estudantes de Letras é, além de estar originalmente mais próxima da filosofia do que da linguística, o fato de usar notações algébricas em suas análises, o que é pouco atraente para quem não gosta de matemática, e de trabalhar muito frequentemente com os valores de verdade das sentenças. Isso, como foi afirmado anteriormente, não desperta o interesse de pessoas práticas. Observe-se nas palavras de Robert Fiengo e Robert May (1997: 117) a afirmação dessas características:

> Uma teoria do significado para uma língua natural deve conter não apenas uma semântica – uma caracterização recursiva da verdade –, mas também uma teoria do uso, para que se determine como as sentenças podem ser usadas pelos falantes para fazer afirmações, dadas as condições para sua verdade, as intenções dos falantes e o contexto[23].

Nessa citação, *semântica* é definida como "uma caracterização recursiva da verdade". Se é recursiva, ficam implícitas regras, parte do aparato formal. Apesar de se observar a tentativa de se incorporarem questões do uso da língua numa análise formal, novamente a questão da verdade se faz presente na abordagem do significado.

A respeito do papel das condições de verdade na semântica formal, Jeroen Groenendijk et al. (1997: 179) comentam que a visão de significado que prevaleceu na semântica formal desde seu começo nos fins do século XIX até os anos 1980 pode ser resumida no *slogan* "significado é igual a condições de verdade", que tem a variação "significado é igual a condições de denotação". Para esses autores, essa visão de significado se deveu às limitações dos instrumentos lógicos que Frege, Russel e os adeptos da semântica formal que vieram antes deles tinham ao seu dispor: lógica matemática clássica e teoria dos conjuntos, os quais não são apropriados para uma análise de aspectos do significado que não sejam aqueles cobertos pelo *slogan* anterior.

Atualmente, os adeptos da semântica formal pesquisam fenômenos linguísticos variados, lançando mão de um forte instrumental algébrico. Eis alguns desses fenômenos: determinantes; anáfora; elipse; correferência; modalidade; quantificação; foco; pressuposição; pluralidade; negação. Este último fenômeno, por exemplo, é pesquisado por William Ladusaw (1997), cujas palavras introdutórias de seu texto sobre negação e itens de polaridade deixam claro o esforço da semântica formal de se aproximar das línguas naturais:

> Meu objetivo aqui é pesquisar algumas propostas e resultados recentes na análise da negação em línguas naturais de acordo com os pressupostos da gramática gerativa e do projeto de aplicar técnicas da semântica formal à interpretação das estruturas das línguas naturais[24].

Depreende-se dessa citação que há um projeto voltado a aplicar as técnicas da semântica formal à análise das línguas naturais. Como essas técnicas envolvem muita álgebra e lógica, a semântica formal deixa os filósofos à vontade, mas permanece pouco atraente para muitos estudantes e professores da área de Letras, que preferem estudar os fenômenos semânticos sob a ótica da linguística ao invés de os estudarem sob o ponto de vista filosófico. Assim, do próximo capítulo em diante, vamos nos concentrar na abordagem linguística dos fenômenos semânticos, começando pela semântica histórica.

3
Semântica histórica

Dentre os filósofos gregos que estudaram o significado, há um que é pouco mencionado nos manuais de semântica, mas que merece menção: Próclus. Mais conhecido por suas reflexões sobre a geometria, Próclus também se interessou por um fenômeno semântico que iria dominar os estudos do significado durante uma boa parte do século XX. Ele se interessou em pesquisar o porquê de algumas palavras terem seus significados alterados ao longo do tempo. Pode-se, portanto, afirmar que Próclus foi o precursor da **semântica histórica** (ULLMANN, 1964).

Os estudos sobre as **mudanças semânticas** foram reavivados no Renascimento, atraindo a atenção de filósofos e, posteriormente, de muitos linguistas nos séculos XIX e XX. Essa tendência historicista nos estudos do significado está explicitamente marcada nas obras daqueles que contribuíram para a consolidação dos estudos do significado sob o viés linguístico, retirando da filosofia a exclusividade desses estudos: Christian Karl Reisig e Michel Bréal.

Em 1839, publica-se a obra *Vorlesungen über lateinische Sprachwissenschaft*, de Reisig. A supremacia filosófica sobre os estudos do significado, ainda que de forma tímida, começava a ceder terreno para a linguística do século XIX. Eugenio Coseriu (2000) considera Reisig o primeiro a afirmar e a justificar a autonomia da semântica lexical (a semântica voltada para o estudo do significado das palavras), apesar de sua obra não ter apresentado muita coisa, do ponto de vista quantitativo, a respeito da teoria semântica proposta por Reisig: a **semasiologia**.

Reisig ofereceu uma concepção de gramática em que ela era dividida em três partes: a sintaxe, a etimologia e a semasiologia. Ele via a semasiologia como uma disciplina de caráter historicista, que procurava analisar as modificações sofridas pelos significados das palavras ao longo do tempo. Coseriu (2000: 26) lembra que a semasiologia se firmou "rapidamente na Alemanha como teoria da mudança semântica – teoria que trata de estabelecer os tipos de tal mudança e sua motivação, assim como suas eventuais 'leis', ou seja, normas [...]"[25].

O termo *semasiologia*, contudo, não se tornou muito popular no meio acadêmico. Essa popularidade só seria atingida pelo termo **semântica**, proposto em 1883 por Bréal em um artigo intitulado "Les lois intelectuelles du langage: fragment de sémantique", publicado na revista de estudos clássicos *L'Annuaire de l'association pour l'encouragement des études grecques en France* (BOUQUET, 2000). Ullmann (1957) lembra que a razão principal para o termo *semasiologia* não ter se consolidado, cedendo espaço para a *semântica*, não foi a sua aparência centopeica, mas o fato de não ter raízes em alguns países, especialmente na França.

Em 1897, Bréal publica o livro *Essai de semántique – science des significations*, considerado por muitos a obra que inicia a semântica como a ciência das significações. Coseriu (2000: 32) critica a ideia de que o trabalho de Bréal e o de Reisig e seus seguidores (notoriamente o alemão A. Schleicher e o romeno L. Saineau) sejam muito diferentes:

> A semântica lexical de Bréal é, sem dúvida, superior à semasiologia de seu tempo, mas não é outra coisa que semasiologia. É superior porque se acha integrada em uma teoria geral da mudança linguística, porque implica a distinção bastante clara entre tipo e motivação da mudança semântica [...], porque contém uma série de explicações luminosas, etc. Mas, enquanto disciplina – por seu objeto, seus objetivos e suas distinções básicas –, continua sendo a mesma "semasiologia", ainda que com outro nome[26].

A teoria da mudança semântica proposta por Bréal, portanto, busca esclarecer a motivação e os tipos de mudanças semânticas. Muitos linguistas depois dele se debruçaram sobre as mudanças dos significados das palavras e, nessa busca, encontraram algumas respostas, que serão abordadas neste capítulo.

Para Bouquet (2000: 187), *Traité des tropes*, trabalho realizado por C. Dumarsais no século XVII, pode ser considerado "a primeira obra moderna de semântica". Entretanto, foi a obra de Bréal que se consagrou por ter introduzido o termo *semântica* e por tentar, explicitamente, situar o estudo do significado no âmbito da linguística. Eis o que Bréal (1992: 20) escreveu sobre o termo *semântica*:

> O que eu quis fazer foi traçar algumas grandes linhas, marcar algumas divisões, como um plano provisório, sobre um domínio ainda não explorado, e que reclama o trabalho combinado de várias gerações de linguistas. Peço ao leitor, então, que veja este livro como uma simples introdução à ciência que me proponho a chamar de semântica.

Observe-se que Bréal não apenas reivindicava a participação da linguística nos estudos do significado. Ele também profetizava, com uma clarividência acadêmica impressionante, a necessidade de haver gerações de linguistas para levar a semântica adiante devido à dificuldade que ela traz em si. Na segunda parte do seu livro, Bréal (1992: 77) explicita qual é o objeto de estudo da semântica, afirmando que ele se propõe "a examinar por que as palavras, uma vez criadas e providas de um certo sentido, são levadas a [...] mudá-lo".

Assim como a semasiologia proposta por Reisig, a semântica proposta por Bréal também era uma disciplina de caráter historicista, cujo objeto era o estudo das mudanças semânticas, o que a inseria no âmbito dos estudos diacrônicos. Durante muitos anos, após a proposta de Bréal, a grande maioria dos estudos semânticos feitos por linguistas teve por objeto a mudança de significado, seguindo o caminho aberto por Próclus há muitos séculos. Isso talvez se justifique pelo fato de os estudos linguísticos realizados, até aquela época, terem tido um caráter historicista, os quais analisavam as mudanças ocorridas nas línguas naturais ao longo do tempo, mais especificamente, as mudanças fonéticas.

A importância histórica de Bréal é tão grande para os estudos do significado que Kurt Baldinger (apud GUZMÁN, 2000) o utiliza como elemento delimitador de etapas da história dos estudos semânticos: (1) a etapa que vai desde os gregos até Bréal e que Baldinger chama de "subterrânea"; (2) a etapa que vai de Bréal até 1950, em que os linguistas acreditavam que não era possível haver um caráter científico na semântica; e (3) a etapa que vai de 1950 em diante, marcada por tentativas científicas nos estudos semânticos.

As pesquisas empreendidas pelos adeptos da semântica histórica resultaram em algumas informações acerca das mudanças semânticas. Ullmann (1964), citando Antoine Meillet, aponta três tipos de causas para as mudanças semânticas – linguísticas, históricas e sociais. Vamos analisar cada uma delas.

Uma das causas linguísticas para as palavras mudarem de significado é o que Bréal chamou de **contágio**, sendo a **elipse** a forma mais comum em que o contágio se evidencia: "numa frase feita constituída por duas palavras, omite-se uma delas e transfere-se o seu significado para a companheira". Em português, um exemplo de contágio é o que ocorreu com o significado de *caderneta* na década de 1960. Havia o lexema sintagmático *caderneta de poupança*, usado para se referir a um tipo de conta bancária que rende juros fixos anuais e correção monetária mensal, hoje conhecida apenas por *poupança*. Naquela época, a movimentação desse tipo de conta era registrada numa caderneta, como demonstra um dicionário daquela década: "diminutivo de caderno, livro pequeno de registro de contas, de aulas, livro que distribuem as Caixas Econômicas" (BUENO, 1969: 237). As pessoas, então, passaram a usar a palavra *caderneta* para se referir a esse tipo de conta. Mesmo depois que os bancos pararam de utilizar uma caderneta, registrando toda a movimentação virtualmente em computadores, as pessoas continuaram usando a palavra *caderneta* para se referir a esse tipo de conta. O *Novo Aurélio* (FERREIRA, 1999: 360) registra essa mudança no tempo do verbo na quarta acepção do verbete *caderneta*: "Livrete em que se escriturava o movimento das contas de depósitos em estabelecimentos de crédito" (grifo meu). Embora as pessoas usem a palavra *poupança* para se referir a esse tipo de conta bancária, ainda há pessoas no Brasil que usam a palavra *caderneta* para se referirem a poupança. Talvez daqui a algumas décadas, com o desaparecimento dessas pessoas, *caderneta* perca esse significado.

Um dos produtos mais populares nos restaurantes *fast-food* são as famosas batatas fritas, ou simplesmente fritas. Além de aumentarem o peso e o colesterol de quem se arrisca a comê-las, as fritas fornecem mais um exemplo de mudança semântica por contágio. Pelo fato de fazer par com o substantivo *batatas*, o adjetivo *fritas* se transformou em substantivo e passou a significar o mesmo que *batatas fritas*, como se vê no prato, também popular, conhecido como "filé com fritas". Assim, o contágio acarretou uma mudança semântica com implicações de natureza categorial neste caso.

Um outro exemplo de contágio vem dos carros. O compartimento chamado de *porta-malas* adicionou à palavra *mala* o significado "a parte de um veículo destinada ao transporte de bagagem". Hoje esse significado de *mala* é aplicado a esse compartimento dos carros, o qual passou a ser chamado simplesmente de *mala*.

Na década de 1970, Odair José era um cantor muito popular. Um de seus sucessos foi a música "Pare de tomar a pílula". Este título contém um exemplo de mudança semântica por contágio. A palavra *pílula* significa "forma farmacêutica sólida para uso por via oral" (FERREIRA, 1999: 1566). Quando a pílula anticoncepcional surgiu, os brasileiros começaram a usar a palavra *pílula* para se referir à *pílula anticoncepcional*. A partir da década de 1990, ocorreu um movimento inverso e as pessoas começaram a usar a palavra *anticoncepcional* para se referir à pílula anticoncepcional. Observe-se que, neste caso, houve também uma mudança categorial, já que *anticoncepcional* passou de adjetivo para substantivo.

Podemos pensar também no caso de *máquina de lavar*. Observe-se que há dois tipos de máquina de lavar: a máquina de lavar pratos e a máquina de lavar roupas. Acontece que, no Brasil, a máquina de lavar roupas é um bem muito mais consumido do que a máquina de lavar pratos. A consequência disso é que o sintagma *máquina de lavar* passou a significar *máquina de lavar roupas*, em mais um caso de contágio linguístico e elipse.

Há um caso interessante relacionado ao fenômeno do contágio e da elipse. Uma loja de computadores em Salvador veiculou um comercial nas rádios no qual uma mulher diz a um vendedor: "Vou levar esse fogão, a máquina de lavar e aquele micro". O vendedor pergunta em seguida: "O microcomputador ou o micro-ondas?" Percebem-se aí duas falhas semânticas. A primeira é o fato de a cliente ter usado o demonstrativo *aquele*, o que significa que ela apontou para o eletrodoméstico. E se ela apontou, não haveria qualquer possibilidade de ambiguidade, na medida em que microcomputadores e fornos de micro-ondas não ficam na mesma seção em uma loja. A segunda falha é o fato de o prefixo lexical *micro* ter se transformado em um substantivo e significar *microcomputador*, resultado de uma mudança semântica por contágio. Isso também ocorreu com *forno de micro-ondas*, que sofreu elipse e passou a ser *micro-ondas*, que absorveu o significado do sintagma original. Faltou um pouco de conhecimento de semântica ao publicitário que bolou o comercial, né?

A respeito das causas históricas para as mudanças semânticas, Ullmann (1964: 412-413) faz o seguinte comentário: "Objetos, instituições, ideias, conceitos científicos mudam no decurso do tempo; no entanto, em muitos casos, o nome conserva-se e contribui assim para assegurar um sentido de tradição e continuidade". Em português, o computador, por exemplo, é um caso ilustrativo de um objeto que mudou no decurso do tempo e que determinou mudanças no significado da palavra que se aplica a ele, *computador*.

Na década de 1960, a palavra *computador* remetia os falantes-ouvintes e leitores a uma pessoa "que faz cômputos, que calcula" (BUENO, 1969: 516), significado que não vem mais à mente da maioria absoluta dos brasileiros, apesar de ainda registrado nos dicionários. Depois *computador* adquiriu mais um significado: "máquina capaz de receber, armazenar e enviar dados, e de efetuar, sobre estes, sequências previamente programadas de operações aritméticas (como cálculos) e lógicas (como comparações), com o objetivo de resolver problemas" (FERREIRA, 1999: 516).

Hoje *computador* remete os leitores e os falantes-ouvintes a uma máquina com as mesmas funções descritas acima, mas com características bem diferentes. Na década de 1940, o computador era uma máquina enorme que funcionava com válvulas; hoje o microchip diminuiu definitivamente o tamanho e o custo do computador, fazendo surgir o desktop, ou computador de mesa. Observe-se que palmtop e laptop também são computadores, mas, quando se fala *computador*, a primeira coisa que vem à cabeça da grande maioria das pessoas não é um palmtop ou um laptop, mas sim um desktop. Assim, a palavra *computador* passou a ser usada para se referir não mais àquela máquina descrita antes, mas a um tipo específico dessa máquina, já que laptop e palmtop também são máquinas que se encaixam naquela descrição. Além disso, a palavra *computador* não mais remete os falantes-ouvintes de português a uma pessoa que faz cômputos.

Um outro exemplo vem do Nordeste. *Forró* é uma palavra usada para se referir a um ritmo musical nordestino. Em 1996, fui a uma festa de forró em Salvador com meu irmão, que passara oito anos longe do Brasil e do forró. Quando ouviu as músicas que a banda tocava, ele me falou: "Não disseram que era forró?" Foi aí que me conscientizei acerca daquele fato: o que estava sendo tocado e que hoje é chamado de *forró* é uma mistura de elementos do forró, da lambada e de outros ritmos musicais, mas que não é mais aquele ritmo que tradicionalmente ficou conhecido como forró. Houve aí uma mudança no significado da palavra *forró*, que forçou a criação de dois termos para abarcar o significado anterior: *forró pé-de-serra* e *forró tradicional*.

Dentre as mudanças de significado ocorridas por causas sociais, pode-se pensar em dois tipos: a generalização semântica e a restrição semântica. **Generaliza-**

ção é o processo pelo qual o significado de uma palavra deixa de ser aplicado a um referente específico e passa a ser aplicado a um referente genérico. Um exemplo interessante oferecido por Willem Hollmann (2005) é o significado da palavra inglesa *dog*, a qual era originariamente usada para se referir a uma raça específica de cachorro e agora é usada por falantes do inglês para se referirem a qualquer raça de cachorro.

Em português, um exemplo de generalização é o que ocorreu com o significado da palavra *assistência* no esporte. Inicialmente usada em referência ao ato de se passar a bola para o jogador que faz a cesta em um jogo de basquetebol, hoje ela é usada também para se referir ao ato de se passar a bola a um jogador que marca um gol no futebol e no futebol de salão, e ao ato de passar a bola a um jogador que marca um ponto no jogo de voleibol.

A palavra *reggae* oferece um caso interessante de generalização semântica em português. Originalmente, *reggae* significava "música popular de origem jamaicana surgida na década de 1960, de batida secundária forte e uso acentuado do contrabaixo elétrico" (FERREIRA, 1999: 1.731). Entretanto, em Salvador, além de ainda ser usada para se referir ao tipo de música popularizado por Bob Marley e Jimmy Cliff, *reggae* passou a ser usada para se referir a shows e a festas em que o tipo de música predominante é o *reggae*. Daí para a palavra *reggae* adquirir o significado de *farra* foi um pulo, independentemente de a farra ser animada pelo som do *reggae* ou não. Dessa forma, em Salvador, quando um soteropolitano fala que vai para o *reggae*, deve-se entender que ele vai para a farra, dançar e tomar umas e outras.

A **restrição semântica** é o processo oposto à generalização: o significado de uma palavra, o qual se aplicava originalmente a um referente genérico, passa a ser aplicado a um referente específico. Ullmann cita o exemplo da palavra inglesa *voyage*, que significava originalmente "viagem", mas que hoje significa especificamente "viagem por água". Ullmann (1964: 476) lembra que "a causa mais frequente da restrição é a especialização num grupo social particular".

A mudança ocorrida no significado de *gado* oferece um exemplo de restrição semântica em português. Como registra Francisco Bueno (1969: 577), *gado* é o mesmo que "reses em geral; rebanho". Portanto, pode-se falar em gado caprino, gado ovino, gado suíno e gado bovino. Entretanto, atualmente, quando uma pessoa ouve a palavra *gado*, como na sentença "Divá está criando gado", provavelmente a pessoa entenderá que Divá está criando gado bovino. O significado de *gado*, para várias comunidades linguísticas no Brasil, sofreu restrição e passou a ser aplicado especificamente a gado bovino.

Mais um exemplo de restrição semântica em português: em algumas localidades do interior da Bahia, como a vila de Serraria no município baiano de Entre Rios, o significado de *animal* passou a ser aplicado especificamente a cavalo, égua, burro e mula. Daí ser comum ouvirem-se enunciados como "Seu Gonzaga prendeu o animal" e "Railton, vá selar o animal pra gente ir buscar o gado".

Há ainda causas de natureza psicológica para as mudanças semânticas, sendo que as mais comuns são os **tabus**. Ullmann (1964: 425) lembra que *tabu* é uma palavra originária da Polinésia que "o Capitão Cook introduziu no inglês e que daí passou para outras línguas europeias. Segundo o próprio Capitão Cook, o termo 'tem um significado muito extenso; mas, em geral, significa que uma coisa é proibida'".

A implicação linguística dos tabus é óbvia: se uma palavra é proibida, é necessário encontrar uma forma de expressar seu significado, o que geralmente dá origem a eufemismos. Não custa lembrar que **eufemismo** é o "ato de suavizar a expressão de uma ideia substituindo a palavra ou expressão própria por outra mais agradável, mais polida" (FERREIRA, 1999: 851). Segundo Heinz Kröll (1984: 29), "quando um eufemismo, pelo muito uso, já não é sentido como expressão veladora tornando-se assim sinônimo do termo objetivo, seco e cru, contaminado por ele, não pode servir mais para conseguir o seu intento original". Esse fenômeno é chamado **esteira de eufemismos**. Assim, os eufemismos, resultantes de tabus, contribuem para o processo de mudanças de significado.

Pode-se pensar em três tipos básicos de tabus: os tabus de medo, os tabus de delicadeza e os tabus de decência. Um dos exemplos mais conhecidos de **tabus de medo** na literatura sobre semântica vem do norte da Europa. O urso era um animal temido pelos habitantes daquela parte do velho continente e, por isso, as pessoas evitavam pronunciar o nome que se referia a esse animal. Prefeririam usar palavras que o descrevessem. Consequentemente, as palavras *bear* e *bruin*, relacionadas com a cor marrom e até hoje usadas em inglês (sendo a primeira mais comum), passaram a ser usadas com o significado de *urso*; a palavra *medved*, em línguas eslávicas, a qual significa "comedor de mel", também passou a ser usada significando *urso*.

Na vila de Serraria, as pessoas que gostam de pescar no rio temem uma determinada espécie de cobra, a sucuri, ou sucuiuiu, como eles a chamam. O medo as leva a evitar a palavra *sucuiuiu* durante a pesca. Se elas avistam uma cobra dessa espécie e querem se referir a ela, usam a palavra *bicho*, que passou a significar também o mesmo que *sucuiuiu*. Essa mudança de significado de *bicho* no contexto situacional da pesca no rio em Serraria se deveu a um tabu de medo.

O **tabu de decência** está relacionado com partes do corpo humano e com questões sexuais. Um exemplo de mudança semântica decorrente de um tabu de decência no Brasil é a expansão do significado da palavra *pinto*. Seu significado original é "filhote da galinha ainda novo". Além desse significado, *pinto* também significa *pênis* e atualmente já é considerado um termo chulo pelo dicionário *Novo Aurélio – o Dicionário da Língua Portuguesa do Século XXI*. Isso confirma a afirmação de Kröll, citada anteriormente, de que o uso muito frequente do eufemismo pode desgastá-lo e fazer com que ele tenha o mesmo efeito que a palavra que veio a substituir, produzindo uma esteira de eufemismos.

Finalmente, vejamos um exemplo de mudança semântica motivada por **tabu de delicadeza**. No Brasil, país de desigualdades sociais extremas devido a uma péssima distribuição de renda, ter uma empregada doméstica é comum para muitas pessoas. Por serem muito exploradas e malremuneradas, e por realizarem tarefas vistas como de baixo *status* social, as empregadas domésticas são tratadas com muita discriminação, o que leva, por exemplo, alguns condomínios de luxo ao cúmulo de proibirem as empregadas domésticas de usarem o elevador social, obrigando-as a usarem o elevador de serviço. Diante de tantas críticas à discriminação contra essas mulheres, a sociedade, hipocritamente, adotou a palavra *secretária* e adicionou-lhe o mesmo significado de *empregada doméstica*. Hoje muitas pessoas se referem a suas empregadas usando o sintagma *minha secretária*, confirmando a mudança semântica.

Os eufemismos motivados pelo tabu de delicadeza estão também relacionados a problemas físicos. Um exemplo disso é o uso da expressão *deficiente visual* em substituição às palavras *cego* e *cega*. Isso aconteceu porque *cego* e *cega* adquiriram um significado negativo ao longo dos tempos, sendo usadas inclusive para se criticar uma pessoa, como mostra o enunciado "Você é cega, Antonia Viviane?! Não tá vendo que Jean Marcel tá com você só por causa da sua grana?" Esse tipo de mudança semântica é causado pelo processo que ficou conhecido por

desenvolvimento pejorativo, no qual as palavras adquirem um significado negativo ao longo do tempo. Esse fenômeno faz parte daquilo a que Ullmann (1964) chama de mudanças na valorização do significado.

Uma fonte de desenvolvimento pejorativo é o preconceito. Foi o preconceito de alguns brasileiros que adicionou à palavra *paraíba* o significado "operário de construção civil, não qualificado" (FERREIRA, 1999: 1.906). Assim, há brasileiros que, com a intenção de ofender uma pessoa, chamam-na de "paraíba", demonstrando total desrespeito e preconceito para com a tribo indígena Paraíba, para com o belo Estado da Paraíba e para com os operários da construção civil. O jogador de futebol Edmundo, conhecido como "o animal", certa vez, chamou um árbitro de "paraíba" e depois disse que não teve a intenção de ofendê-lo. Será?

Menos comum que o desenvolvimento pejorativo é o **desenvolvimento ameliorativo**, processo em que as palavras podem adquirir significados mais positivos do que os seus significados originais. Por exemplo, a palavra *monstro* era originalmente usada para se referir a um "corpo organizado, que apresenta conformação anômala em todas ou em alguma das suas partes; ser de conformação extravagante, imaginado pela mitologia; animal de grandeza desmedida; figura colossal; prodígio" (BUENO, 1969: 830). A transferência desse significado para o ser humano gerou o significado metafórico "pessoa cruel, desnaturada ou horrenda" e ainda "muito grande" (BUENO, 1969: 830). Entretanto, hoje os brasileiros também usam a palavra *monstro* para se referir a alguém que é muito bom naquilo que faz. Os enunciados (a) e (b) abaixo ilustram o uso de *monstro* com esse sentido positivo:

> a) Pelé é um monstro sagrado do futebol.
> b) O Professor Edvaldo é um monstro, cara. A aula dele é show de bola.

O uso metafórico de *monstro* revela que a **metáfora** também é uma fonte de mudanças semânticas. A palavra *arraia*, por exemplo, cujo significado originalmente se aplicava apenas a um tipo de peixe achatado, passou a ser usada para se referir também a um tipo de pipa cujo formato se assemelha ao peixe em questão. Atualmente, em diversas regiões brasileiras onde não existe mar, a palavra *arraia* remete muitas crianças a esse objeto e não ao peixe, confirmando a consolidação da mudança no significado de *arraia* nessas regiões.

Um outro exemplo de mudança semântica de origem metafórica é o significado que a palavra *porta* adquiriu no ambiente escolar. Há professores que se referem pejorativamente a alunos com dificuldades de aprendizagem utilizando a palavra *porta*, que passou a significar, nesse contexto, "pessoa não inteligente". Além de ilustrar uma mudança de significado, esse exemplo revela a má formação pedagógica de professores que se comportam dessa maneira.

A **metonímia**, que é a substituição de um nome por outro que compartilha alguma característica com o substituído, também dá sua contribuição para as mudanças semânticas. Os enunciados a seguir ilustram casos de metonímia, cujos termos metonimizados encontram-se sublinhados:

> c) Luciana, Josenilda pediu para você comprar uma gilete pra ela quando você for ao mercado. Compre da mais barata, tá?
> d) Viviane e Mailane vão pegar uma Besta até a rodoviária.
> e) Ivone Amaral recitou Castro Alves na praça do povo em 2005.

Em (c), *gilete*, originalmente a marca de uma lâmina de barbear, adquiriu o mesmo significado de *lâmina de barbear*. É o caso da transferência do significado da marca para o produto. Note-se que Josenilda inclusive quer a gilete mais barata que Luciana encontrar, ficando implícito que a marca é irrelevante. Ocorreu o mesmo com *besta*, no enunciado (d), uma marca específica de van, que passou a significar *van* em Feira de Santana, cidade do semiárido baiano. Observe-se que, nesses casos, a mudança por metonímia representa também uma generalização semântica.

No enunciado (e), *Castro Alves* se refere a um poema de Castro Alves. A respeito de metonímias desse tipo, i.e., autor por obra, Yaguello (1997: 86) tem um comentário interessante: "O nome próprio parece estabelecer uma relação direta entre um significante e um referente [...] sem passar por um significado". Para Yaguello, como não há signos fora da relação significante/significado, o nome próprio não seria um signo: "o nome próprio só se torna realmente signo quando se torna nome comum, como acontece com uma *Sabrina*, um *Picasso*, etc. É esse um dos efeitos da metonímia". Em outras palavras, a metonímia tem a curiosa capacidade de causar mudanças semânticas com os nomes próprios*.

Curiosa também foi a tentativa da empresa de telefonia celular Oi de provocar uma mudança semântica por meio de uma campanha publicitária no começo das suas operações no Brasil. Vários comerciais na TV mostravam pessoas sendo criticadas por quererem comprar um celular: elas deveriam comprar um Oi, pois celular era coisa do passado. Obviamente, a empresa não foi bem-sucedida nessa empreitada, pois as mudanças semânticas não são impostas: são os usuários que as instituem.

Os estudos sobre mudanças semânticas, como os exemplos apresentados neste capítulo demonstram, concentram-se em palavras isoladas. Por isso, a semântica histórica foi criticada por essa natureza atomística. Naturalmente, os linguistas que adotaram uma concepção estruturalista da língua figuravam entre os que realizaram essa crítica. Afinal, para os estruturalistas, o significado de uma palavra deve ser observado a partir das relações que mantém com os significados das outras palavras da língua. O próximo capítulo será dedicado à semântica estrutural.

---

* Para quem estiver interessado em uma leitura mais aprofundada sobre a semântica dos nomes próprios, sugiro o ensaio "Names and naming: why we need fields and frames", de Adrienne Lehrer, publicado no livro *Frames, fields, and contrasts*: new essays in semantic and lexical organization, organizado por Lehrer e Eva Kittay e publicado pela Lawrence Erlbaum Associates (1992).

4
Semântica estrutural

Na matéria introdutória de linguística nos cursos de Letras, geralmente fala-se sobre o pensamento de Ferdinand de Saussure, cuja obra póstuma, *Cours de linguistique générale*, exerceu forte influência sobre os linguistas alguns anos após sua publicação. Considerado por muitos o marco do começo da linguística enquanto ciência, o livro foi organizado principalmente por dois de seus alunos, Charles Bally e Albert Sechehaye, a partir das notas tomadas por eles e seus colegas durante as aulas que Saussure deu em Genebra entre 1907 e 1911.

É importante ressaltar uma crítica feita a essa obra por Simon Bouquet (2000): Bally e Sechehaye distorceram algumas das ideias de Saussure. Apesar de essa crítica ser procedente, já que não foi o próprio Saussure quem o escreveu, *Cours de linguistique générale* é uma referência e o ponto de partida para muitos debates e pesquisas linguísticas e semânticas, principalmente a partir da segunda metade do século XX. Por isso, não será levado em consideração aqui o provável fato de Bally e Sechehaye terem distorcido alguns pensamentos de Saussure. Para todos os efeitos, o que está no *Cours de linguistique générale* é creditado ao mestre genebrino.

Bem, uma das principais preocupações de Saussure foi delimitar claramente o objeto de estudo da linguística, o qual, em sua visão, deveria ser homogêneo e concreto para, assim, dar à linguística um caráter científico, submetendo-a às exigências positivistas da época. Afinal, por comportar fatos heterogêneos, a linguagem humana sempre fora estudada por ciências diversas, como a antropologia, a psicologia e a filosofia. Dessa forma, buscando demarcar uma área da linguagem para ser estudada pela linguística, ele estabeleceu a dicotomia entre fala (*parole*) e língua (*langue*): a fala é a parte individual da linguagem, a qual depende da vontade do indivíduo; a língua é a parte social da linguagem, a qual está acima da vontade do indivíduo. E, na concepção de Saussure, exatamente por não depender da vontade do indivíduo, a língua é o que existe de homogêneo e concreto no conjunto de fatos da linguagem, devendo ser o objeto de estudo da linguística.

A linguística, portanto, tem por objeto a língua e deve abordá-la de um ponto de vista estático, descrevendo um de seus estados. Isso implica uma escolha metodológica: se o linguista decide estudar um estado da língua, o fator tempo não é levado em consideração. Esta decisão metodológica entre estudar a evolução da língua ao longo de um período de tempo e estudar um estado da língua em um dado momento representa uma outra dicotomia estabelecida por ele: diacronia/sincronia. Apesar de Saussure (1999: 97) ter se destacado no século XIX devido aos estudos diacrônicos que realizou, ele propõe que a linguística se ocupe apenas dos estudos sincrônicos porque, para o falante-ouvinte, a sucessão dos fatos da língua no tempo "não existe: ele se acha diante de um estado. Também o linguista que queira compreender esse estado deve fazer *tábula rasa* de tudo quanto produziu e ignorar a diacronia".

Muitos linguistas europeus passaram a ver a língua da mesma forma que Saussure (1999: 134-135) a concebia, ou seja, um sistema onde cada elemento tem um valor linguístico, existindo em função dos outros elementos do sistema: "as palavras que exprimem ideias vizinhas se limitam reciprocamente". Assim, o valor que um termo tem em relação aos outros termos do sistema linguístico é essencial para o estudo do significado, como demonstra o famoso exemplo dado por Saussure: "sinônimos como *recear, temer, ter medo* só têm valor próprio pela oposição; se *recear* não existisse, todo seu conteúdo iria para os seus concorrentes". Portanto, cada palavra de uma língua tem seu conteúdo semântico influenciado pelo conteúdo semântico das outras palavras dessa língua, e todas as palavras, por se relacionarem entre si, fazem da língua um sistema estruturado.

Saussure cunhou ainda um outro conceito importante, o de signo linguístico, que serviu como base para a elaboração de outros conceitos de signo relevantes para as discussões sobre o significado. Para ele, signo linguístico é uma entidade psíquica que une um conceito a uma imagem acústica, e não uma coisa a uma palavra. Saussure alertou para o problema terminológico que os termos *conceito* e *imagem acústica* poderiam causar e propôs os conceitos *significado* e *significante*, que se consagraram na linguística.

Observe-se que fica aí explícita uma definição conceitualista ou mentalista de *significado*: o significado de uma palavra é o conceito (ou a ideia) a ela associado pelo falante-ouvinte. Essa visão conceitualista de significado sofreu críticas. Por exemplo, os empiristas criticam o fato de uma ideia não ser algo observável e, consequentemente, impossível de ser verificada. Outro exemplo vem de Janet Fodor (1997), para quem equiparar significado a uma ideia (ou a um conceito) é complicado, porque as ideias são entidades obscuras e conceber as ideias como imagens mentais é demasiadamente simplista, dado que não há uma correlação estável entre a imagem e o significado das expressões.

À visão binária, dicotômica, de signo proposta por Saussure se opuseram Charles K. Ogden e Ivor A. Richards com a publicação do livro *The meaning of meaning*, em 1923, no qual eles questionam o significado de significado e o qual é sempre mencionado nos manuais de semântica.

Apesar de adotarem a mesma visão conceitualista do significado, eles acham um erro o fato de Saussure não ter incluído, em sua teoria, a coisa à qual o significado e o significante se referem: a teoria saussureana dos signos, ao negligenciar completamente as coisas que os signos representam, foi, desde o começo, isolada de qualquer contado com métodos científicos de verificação. Percebe-se aí, na posição de Ogden e Richards, a influência do pensamento positivista, empirista, da sua época.

Esses dois filósofos propõem, então, a partir da natureza simbólica da linguagem, um conceito tripartite de significado: o significado é a relação que existe entre um símbolo, um pensamento ou uma referência e um referente. Símbolo corresponde ao significante saussureano, à palavra; referência ou pensamento corresponde ao significado saussureano; e referente corresponde àquilo que um indivíduo esteja se referindo ou pensando, seja esse referente concreto ou abstrato. Entre símbolo e pensamento, há uma relação causal direta, na qual o símbolo simboliza, de forma correta, o pensamento. Aqui cabe uma pergunta: o que eles queriam dizer com "correta"? Existe uma maneira correta de se estabelecer tal relação? Na verdade, Ogden e Richards tinham em mente oferecer ao público uma forma de interpretar os enunciados de forma correta para diminuir os problemas de comunicação. Era uma agenda prescritiva.

Ogden e Richards ilustraram seu conceito triádico de significado por meio de um **triângulo semiótico** que demonstra as relações entre os três elementos, representado na Figura 1 a seguir.

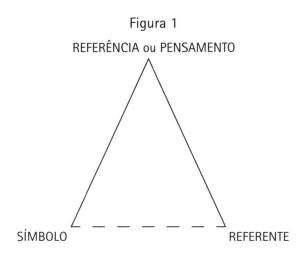

Figura 1

Eco (1984: 9) alerta para uma possível maneira obtusa de entender o "referente" de Ogden e Richards:

> A maneira obtusa de entender o triângulo de Ogden e Richards é que o *referente* seja o objeto de que se fala. Por que a maneira é obtusa? Em primeiro lugar porque, admitindo que a palavra "cachorro" seja um signo, isto não significa que quando digo "cachorro" esteja querendo indicar um objeto preciso. Posso estar indicando uma classe. Em segundo lugar não significa que falamos de objetos. Podemos falar, mas não estamos falando de objetos, estamos falando metalinguisticamente, falamos de relações semióticas. Se acharmos que um signo se qualifica através do objeto nomeado, acabaremos não sabendo que signo seja "unicórnio" porque o objeto correspondente não existe.

O alerta de Eco serve de fundamento para os que criticam os teóricos defensores de uma postura empirista em relação ao significado. Eco (2001e: 11) chega a afirmar que o triângulo semiótico "esclerosou visivelmente" o problema do significado, tornando o estudo semiótico do significado confuso e difícil: "o prejuízo que causou e ainda causa à Semiótica consiste em perpetuar a ideia (pela qual o responsável máximo é Frege) de que o significado de um termo tem algo a ver com a coisa a que o termo se refere".

Essa posição de Eco nos faz refletir um pouco acerca da relação entre o mundo linguístico e o mundo extralinguístico. Será que um não tem nada a ver com o outro? Acredito que há, sim, uma relação entre eles, mas uma relação que se estabelece de forma indireta, cognitiva, não empírica.

Quando ouvimos ou lemos a frase *Vou comprar uma casa*, por exemplo, o significado de *casa* é ativado em nossa mente. Entretanto, esse significado não está relacionado a um referente específico, a uma coisa específica, mas sim a um referente prototípico que se plasma em nossa mente ao armazenarmos o significado de *casa*. E esse significado suscita imagens distintas na mente de indivíduos distintos: o que eu imagino como sendo uma casa ao ouvir a palavra *casa* não é a mesma coisa que Bill Gates imagina e nem o que um morador pobre de uma favela imagina.

E é exatamente essa não especificidade do significado, essa natureza prototípica do significado, que permite que nos comuniquemos uns com os outros. Afinal, se nós tivéssemos de associar o significado de uma palavra a um referente específico, a comunicação seria uma tarefa impossível de ser realizada. Acredito que é nessa linha de raciocínio que Eco critica o triângulo semiótico.

Na segunda metade do século XX, Ullmann (1964), preocupado em manter o estudo do significado no âmbito da linguística, teceu uma crítica importante ao triângulo semiótico de Ogden e Richards. Ela diz respeito ao elemento *referente*, que se situa fora da esfera linguística, devendo o linguista, portanto, limitar-se a analisar a relação entre *símbolo* e *referência*.

Ullmann parece ter antecipado o alerta de Eco, procurando evitar "uma leitura obtusa" do triângulo semiótico. Ele sugere que se adote uma terminologia mais próxima da linguagem usada no dia a dia: ao invés de *símbolo*, sugere *nome*, que é a realização fonética da palavra; ao invés de *referência*, sugere *sentido*, que é a informação que o nome comunica ao ouvinte; e, por fim, o termo *coisa* para substituir *referente*. Esses termos são, sem dúvida, mais próximos da linguagem cotidiana, e, consequentemente, mais distantes da complexidade da linguagem filosófica.

Bem, independentemente da validade das críticas feitas à visão saussureana conceitual de significado, a concepção estruturalista lançada por Saussure e reforçada pelos linguistas do Círculo de Praga seduziu muitos linguistas, que passaram a abordar os estudos do significado do mesmo ponto de vista, fazendo surgir a chamada **semântica estrutural**. À medida que a visão estruturalista ia dominando os linguistas na segunda metade do século XX e os linguistas começavam a adotar o ponto de vista sincrônico em suas pesquisas, gradativamente os estudos semânticos de cunho historicista começavam a perder força.

Um dos semanticistas alinhados às ideias saussureanas foi Jost Trier, criador da teoria dos campos, que tornou conhecidos no meio acadêmico os termos **campo lexical** e **campo semântico**. Lehrer (1974: 1) lembra que campos lexicais são grupos de palavras estreitamente relacionadas entre si pelo significado e que são, geralmente, agrupadas sob um termo genérico: "O objeto da análise dos campos lexicais é coletar todas as palavras que pertencem a um campo e mostrar a relação de cada uma com as outras palavras e com o termo geral"[27].

O termo *campo semântico*, visto como sinônimo de *campo lexical* nos Estados Unidos e na Europa, foi introduzido no meio acadêmico por Gunther Ipsen na década de 1920, porém é associado com mais frequência a Trier a partir de seus estudos sobre palavras do campo do intelecto no alemão antigo e médio. Ele vê o léxico das línguas naturais como um sistema organizado em subsistemas e, assim como o mestre genebrino, acha que as palavras encontram-se relacionadas umas com as outras e que elas podem ser agrupadas em campos conceituais. Trier (apud ULLMANN, 1957: 157) define campos como sendo "realidades linguísticas existentes entre palavras simples e o vocabulário total; eles são partes de um todo e se assemelham a palavras no sentido de combinarem para formarem uma unidade maior, e se assemelham ao vocabulário no sentido de se reduzirem a unidades menores"[28].

Um detalhe curioso é o fato de Trier não ter usado o termo *campo semântico*, preferindo usar os termos *campo conceitual*, *campo linguístico* e *campo lexical*. De acordo com Horst Geckeler (1976), o conceito de campo começou a ser abordado em alguns trabalhos acadêmicos no século XIX. Entretanto, apenas no século seguinte a teoria dos campos foi elaborada de maneira explícita por Trier, seu criador.

A afinidade entre o pensamento de Trier e as ideias saussureanas de sistema, de estrutura e de valor é clara. Para ele, o léxico de uma língua natural está organizado em torno dos significados das palavras que o compõem. Os significados das palavras são determinados a partir dos significados das outras palavras que lhes são vizinhas. Como lembra Eco (2001e: 28), tendo em vista que os campos semânticos envolvem as unidades de uma dada cultura, "bastam movimentos da aculturação, choques de culturas diferentes, revisões críticas do saber, para desorganizar totalmente um campo semântico. Se for exata a metáfora saussureana do tabuleiro de xadrez, bastará o deslocamento de uma peça para alterar todas as relações do sistema".

Um ponto criticado na teoria trieriana é a ideia de que as palavras cobrem as esferas conceituais de uma comunidade linguística sem deixar **lacunas lexicais**. Para Trier, além de não conter lacunas, o léxico de uma língua é organizado de maneira a formar um grande mosaico, seguindo uma ideia introduzida por Ipsen (GECKELER, 1976). Lehrer (1974) vai um pouco mais além na questão da existência de lacunas e lembra que as línguas naturais podem conter lacunas fonológicas, morfológicas, sintáticas e semânticas, ressaltando que o único tipo de lacuna do qual um falante tem consciência é a lacuna funcional – a falta de uma palavra conveniente para expressar o que ele quer falar.

A existência de lacunas lexicais em uma língua é a principal razão para a ocorrência do fenômeno do **estrangeirismo** ou **empréstimo**, que é o uso de palavras ou construções sintáticas de línguas estrangeiras em uma língua. Vamos nos concentrar no caso das palavras aqui. Observe-se o exemplo de *hacker* na língua portuguesa: que outra palavra em português melhor se aplica a "violador de um sistema de computação"? Há apenas uma: *hacker* (FERREIRA: 1.024). Até o momento, não surgiu ainda nenhuma palavra em português para substituir *hacker*, e nada indica que surgirá alguma. E o que dizer, então, a respeito de *acessar*, de origem inglesa e que não significa *ter acesso a*?

A área de informática é um exemplo bem claro desse fenômeno, pois quem criou os microcomputadores e quem está sempre inovando tecnologicamente nesta área são os americanos. Consequentemente, torna-se bastante natural a existência de muitos termos em inglês para se fazer referência a equipamentos e procedimentos relacionados ao uso do computador, termos que ainda não possuem correspondentes em português brasileiro, como, por exemplo, *hardware*, *mouse*, *backup*, *hacker*, *drive*, *cookies*, *chip*, *pendrive*. O *Aurélio* registra mais de 80 termos. Da mesma forma, algumas palavras de origem italiana, como *alegretto*, *piano*, *tocata*, *ritornelo*, *fugatto* e *stacatto*, são usadas por músicos brasileiros para se referirem a certos fenômenos ou aspectos musicais, e esse uso não é por acaso. O *Aurélio* registra mais de 90 termos. Afinal, os italianos foram muito influentes na música graças aos seus grandes mestres e por causa da influência cultural que exerceram na Europa e no resto do mundo durante muito tempo.

Entretanto, nada impede que os falantes do português modifiquem a pronúncia e a grafia de palavras estrangeiras ou até criem palavras para as substituírem. Aliás, é isso o que geralmente acontece a ponto de os usuários da língua não mais perceberem que tais palavras vieram de uma língua estrangeira. Observe-se, por exemplo, a grafia de *blecaute* e *estresse* e a pronúncia de *ferry-boat*, numa clara demonstração de que é a língua que impõe mudanças às palavras tomadas de empréstimo e não o contrário.

Fica claro, portanto, que a ideia de Trier acerca da inexistência de lacunas no léxico de uma língua não procede, sendo criticada justamente. A existência de lacunas tem consequência direta no trabalho de tradutores, que precisam buscar formas de preencher essas lacunas no processo tradutório. As lacunas lexicais são exatamente aquilo a que alguns teóricos da tradução, como Mona Baker (1999), se referem quando falam de falta de equivalência lexical entre línguas diferentes.

Uma outra crítica feita à teoria trieriana dos campos diz respeito à questão das delimitações internas e externas dos campos. Trier achava necessário atuar com um certo grau de arbitrariedade no estabelecimento dos limites dos campos. Para os críticos de Trier, o problema se encontra no uso da arbitrariedade para a delimitação dos campos. Em verdade, essa arbitrariedade é exatamente o uso da intuição linguística do pesquisador, a qual serve de ponto de partida para a delimitação do campo. O estudo das relações de significação entre os lexemas do campo comprova ou refuta a intuição linguística do pesquisador. Intuição linguística é vista aqui em seu sentido técnico, significando a capacidade que o falante-ouvinte tem para fazer julgamentos sobre a boa formação de uma sentença e sobre a estrutura da língua. Lehrer (1974) faz um comentário que nos remete à intuição linguística dos falantes-ouvintes de uma língua: duas palavras não podem ser consideradas sinônimas por um falante e antônimas por outro falante, e o significado de *cachorro* não tem o componente semântico [+ ANIMAL] em um dia e [+ VEGETAL] no dia seguinte.

É bom lembrar que o uso da intuição linguística é o caminho seguido, por exemplo, pelos gramáticos gerativistas, a qual os tem auxiliado na análise da sintaxe de muitas línguas. A intuição linguística, portanto, é uma ferramenta útil para a pesquisa linguística na medida em que o linguista é um usuário competente da língua. Contudo, há alguns linguistas que radicalizam a ponto de considerarem inexequíveis quaisquer tentativas de delimitação dos campos, como é o caso de H.

Gipper (apud GECKELER, 1976), para quem é totalmente impossível saber exatamente onde estão os limites de um campo e se todas as palavras que pertencem a ele foram incluídas. Alcançar a exatidão na delimitação dos campos é praticamente impossível, o que torna a crítica de Gipper procedente.

Entretanto, delimitar precisa e exaustivamente um campo lexical não é necessário, a depender do objetivo do pesquisador. Além disso, como lembra Lehrer (1974: 17), em geral, "quanto menor e mais específico o campo, maior a concordância que há entre os falantes a respeito de quais palavras pertencem ao grupo. Há também concordância sobre quais são os termos básicos em um campo, enquanto que a discordância é maior no que diz respeito a itens periféricos – na verdade, muitos falantes podem não estar familiarizados com os itens periféricos"[29].

Note-se que a diferença entre palavras básicas e palavras periféricas reside na frequência com que elas são usadas. Por exemplo, *andar* é uma palavra básica, mas *chapinhar* é periférica, pertencendo ambas ao mesmo campo lexical. Um tradutor, durante uma tradução consecutiva ou simultânea do inglês para o português, pressionado pelo tempo e, muitas vezes, pela expectativa do público que o ouve, pode optar pelo termo mais básico *andar* para traduzir *wade*, ao invés de *chapinhar*, se ele não conseguir se lembrar desse termo periférico ou se ele realmente preferir o lexema *andar* exatamente por ser mais frequente e, assim, facilitar o entendimento do público. Esta, aliás, é precisamente uma das diferenças mais importantes entre a atuação do intérprete e a do tradutor de textos escritos, como me informou o professor e tradutor Luiz Angélico da Costa, em conversa que tivemos sobre a prática tradutória.

Vale lembrar que a teoria dos campos teve uma importância fundamental para os destinos dos estudos do significado. Ullmann (1964: 22-23) evidencia a importância da semântica estrutural pelo fato de ela figurar no "programa do Oitavo Congresso Internacional de Linguística, realizado em Oslo, em agosto de 1957, e aparecer de novo no do Nono Congresso, o de Cambridge, Mass., em 1962". A teoria dos campos incorpora a orientação estruturalista saussureana à semântica, abandonando o caráter atomístico dos estudos do significado que seguem uma orientação historicista, já que a semântica histórica analisa elementos isolados enquanto a semântica estrutural analisa elementos dentro de um sistema.

É interessante notar que a psicolinguística fornece evidências que sustentam o conceito de campos lexicais. Jay Ingram (1993), escrevendo a respeito da afasia em pacientes de derrame cerebral, relata o caso de um rapaz de 24 anos que só não conseguia falar os nomes de frutas e verduras. Esse jovem podia reconhecer os nomes quando pronunciados, apontando para desenhos, para fotos ou para as próprias frutas e verduras, mas não conseguia produzir os nomes. Ingram relata também o caso de um outro paciente que podia falar os nomes de roupas, mas que não conseguia falar os nomes dos tipos de tecidos.

Os relatos feitos por Ingram não só corroboram a ideia de organização lexical em campos como mostram que tal organização deve ser parte integrante da gramática internalizada do falante-ouvinte. Devido aos resultados das pesquisas realizadas com pacientes afásicos, Ingram (1993) acredita na existência de áreas no cérebro que armazenam grupos de palavras (i.e., campos lexicais).

Os adeptos da semântica estrutural que realizam trabalhos com campos lexicais adotam a análise componencial como método de trabalho. No século XIX, John Stuart Mill já falava de algo que viria a ser a análise componencial, quando, concordando com Condillac, afirmava que a definição de uma palavra é a análise do seu significado em partes menores.

Nos Estados Unidos, na primeira metade do século XX, os antropólogos e os etnolinguistas, dentre eles Bloomfield, tornaram a análise componencial conhecida, influenciando vários linguistas. Um deles foi Edward Bendix (1966), que nos lembra que, até a segunda metade da década de 1960, a análise componencial estava sendo aplicada ao léxico por antropólogos que estudavam áreas como a terminologia do parentesco, a ciência popular e os sistemas pronominais.

Na Europa, o pensamento de Louis Hjelmslev foi o inspirador dos trabalhos de muitos semanticistas estruturalistas, como Eugenio Coseriu e Bernard Pottier. Para Geckeler (1976), Hjelmslev foi o primeiro a aplicar o método dos traços distintivos ao estudo do vocabulário de uma língua. O método da análise componencial se tornou mais conhecido a partir do método estrutural de análise linguística estabelecido pela Escola de Praga, cujos estudos produziram resultados importantes a respeito da fonologia, à qual foi aplicado o método dos traços distintivos.

Sob a ótica da análise componencial, o significado de uma palavra é formado por um conjunto de elementos significativos, chamados **componentes semânticos**. Mas, o que são esses componentes? Segundo Lehrer (1974: 46), eles são "construtos teóricos que podem caracterizar o vocabulário de uma língua; cada item lexical terá seu significado definido em termos dos componentes. De uma certa forma, uma definição de dicionário é uma análise componencial informal, na qual cada parte da definição é um componente"[30]. Considerando-se o arcabouço teórico do método da análise componencial, os significados das palavras *homem* e *cavalo*, por exemplo, apresentam os seguintes componentes semânticos, dentre outros:

> *homem*: [+ HUMANO] [+ MACHO] [+ ADULTO]
> *cavalo*: [– HUMANO] [+ ANIMADO] [+ MACHO] [+ ADULTO]

Observe-se que o componente que distingue o significado de *homem* do significado de *cavalo* é o componente [HUMANO], já que o componente [+ ANIMADO] está inserido em [+ HUMANO]. Contudo, esses componentes não bastam para diferenciar o significado de *cavalo* do significado de *gato*, por exemplo. Neste caso, seria preciso contrastar os significados de *cavalo* e de *gato* a partir dos componentes [± EQUÍDEO] e [± FELÍDEO].

Entretanto, nem todos os linguistas consideram a análise componencial satisfatória. Para Lyons (1996), a análise componencial não atrai muitos adeptos devido a dois problemas que ela apresenta. Primeiramente, Lyons acredita que é complicado decidir qual o sentido do termo *básico*, usado para se referir a determinados componentes semânticos, pois ele pode se referir tanto ao que um falante entende por *básico* no dia a dia quanto à qualidade de ser o mais geral possível. Em segundo lugar, o processo de análise dos componentes semânticos que podem ser identificados na maioria das palavras resulta numa análise pouco sistemática e pouco econômica.

Quanto ao questionamento acerca do conceito de componente básico, deve-se esclarecer que o que Lyons chama de componente básico é exatamente o componente semântico que é essencial para se descrever o significado de um **lexema**, i.e., palavra que possui significado lexical mesmo quando está isolada. Como a análise componencial busca contrastar os significados de lexemas para que se possa decidir se eles pertencem a um mesmo **campo lexical** ou não, é necessário determinar, em cada lexema contrastado, o componente, ou os componentes, de significado que os aproxima e que os distancia. (Vale lembrar que campo lexical é um conjunto de lexemas que estabelecem relações de significação entre si e cujos significados se assemelham por compartilharem componentes semânticos comuns).

Assim, por exemplo, o significado do lexema *galinha* está mais próximo dos significados dos lexemas *cachorro*, *jacu* e *peru* do que do significado do lexema *banana* por causa da presença do componente semântico [+ ANIMAL] em seus significados e da ausência deste componente no significado de *banana*. O significado de *galinha* está mais próximo dos significados de *jacu* e de *peru* do que do significado de *cachorro* por causa do componente semântico [+ AVE], ausente no significado de *cachorro*. Já o significado de *galinha* está mais próximo do significado de *pato* do que do significado de *jacu* por causa do componente semântico [+ DOMÉSTICO], ausente no significado de *jacu*. Dessa forma, [+ ANIMAL] é um componente essencial para distinguir os significados de *galinha*, *peru*, *jacu* e *cachorro* do significado de *banana*, mas não é suficiente para distinguir os significados de *galinha*, *peru* e *jacu* do significado de *cachorro*.

Portanto, é desnecessário questionar o significado de *básico* em termos do que essa palavra significa para as pessoas no cotidiano e do que ela significa para o linguista que aplica a análise componencial em sua pesquisa. Componente básico é o componente do significado de um lexema que o distingue de outros lexemas em termos de significado. Cabe lembrar que semanticistas estruturais influentes, como Bendix e Coseriu, assim como Eugene Nida, não usam o termo *componente básico*. Além disso, no dia a dia, as pessoas não questionam o significado de *básico* da forma como Lyons questiona. Por isso, o primeiro problema levantado por Lyons não procede porque ele problematiza a questão do uso do termo *básico* e não a questão do *status* do componente semântico essencial do significado de uma palavra.

O segundo problema levantado por Lyons em relação à praticidade da análise componencial procede. Pode haver lexemas que possuem um número muito elevado de componentes semânticos, tornando trabalhosa a tarefa de determinar todos esses componentes. Esse é um problema com o qual um semanticista se depara quando ele pretende estudar, à exaustão, os campos lexicais de uma língua. Entretanto, isso não invalida, de forma alguma, a importância instrumental do método da análise componencial, cujo objetivo Nida (1975: 60-61) deixa claro: a análise componencial não tenta descrever, em detalhe, todos os diversos traços ou características de cada lexema relacionado, "mas apenas chama a atenção para contrastes distintivos que servem para separar um significado ou um conjunto de significados dos outros"[31]. Consequentemente, o uso da análise componencial não implica que seja necessário se analisarem todos os componentes semânticos dos lexemas pesquisados.

Bem, Trier se inspirou nas ideias saussureanas para elaborar sua teoria dos campos. Contudo, Saussure não foi a única influência marcante em seu trabalho: as ideias de Ipsen também desempenharam um papel importante no pensamento trieriano. Para Ipsen, as palavras de uma língua natural se encontram agrupadas semanticamente e nunca isoladas. Ele ressalta que esse agrupamento não é feito em bases etimológicas e que as palavras não estão alinhadas em uma série associativa. Segundo Ipsen (apud GECKELER, 1971), o que estrutura as palavras em campos é o seu conteúdo semântico, que se relaciona com outros conteúdos semânticos.

Percebe-se claramente que Ipsen está se referindo à ideia saussureana de relações associativas quando exclui, das relações de conteúdo semântico, o alinhamento das palavras em série associativa. Saussure mostra, em um esquema do tipo mapa semântico, que os termos do léxico de uma língua natural podem ser agrupados com base em associações mentais e em quaisquer tipos de relações que o ser humano possa imaginar.

Figura 2

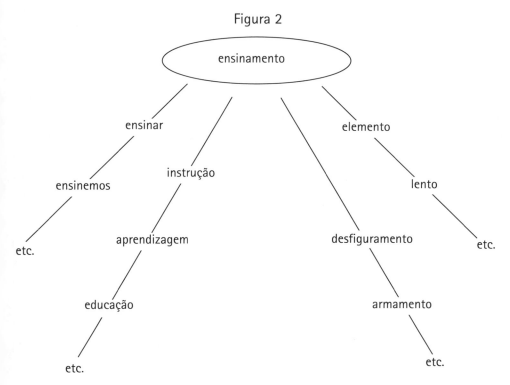

A Figura 2 é uma adaptação do esquema apresentado por Saussure para ilustrar algumas dessas relações a partir da palavra *ensinamento*. As palavras do primeiro grupo (*ensinamento – ensinar – ensinemos* – etc.) se relacionam por terem o mesmo radical; o segundo grupo (*ensinamento – instrução – aprendizagem – educação* – etc.) contém palavras que estão relacionadas por causa do seu conteúdo semântico, compartilhando semelhanças semânticas; o terceiro grupo (*ensinamento – desfiguramento – armamento* – etc.) é formado por palavras que possuem o mesmo sufixo; e as palavras do quarto grupo (*ensinamento – elemento – lento –* etc.) estão relacionadas por razões fonológicas.

Note-se que há linguistas que não veem, nesse esquema saussureano, um paradigma lexical, como é o caso de Salvador Ordoñez (1992: 95), para quem as relações associativas de Saussure e de Bally são frequente e erroneamente citadas como precursoras dos sistemas de conteúdo: "o certo é que nenhum dos raios de associação que o mestre genebrino propõe para o vocábulo *ensinamento* tem a ver com o que entendemos por um sistema lexical"[32]. Essa posição de Ordoñez é equivocada, pois as palavras *ensinamento, instrução, aprendizagem* e *educação* formam um campo lexical, como lembra Geckeler (1971: 105): "Dos quatro tipos de associações que Saussure distingue, apenas uma entra em uma análise de campo aplicada ao conteúdo, a saber, 'a única analogia de significados (*ensinamento – instrução – aprendizagem – educação, etc.*)' ".

O problema é que Ordoñez deve ter sido influenciado pela teoria dos **campos associativos** de Bally, a qual se originou a partir do esquema saussureano, apresentado, de forma adaptada, anteriormente. A teoria dos campos associativos não tem nada a ver com a teoria trieriana dos campos. As associações feitas entre palavras para se criar um campo associativo não são essencialmente linguísticas, pois elas envolvem as ideias que os falantes têm sobre o mundo, evidenciando uma questão extralinguística.

Para Bally (apud ULLMANN, 1964: 500), o campo associativo "é um halo que circunda o signo e cujas franjas exteriores se confundem com o ambiente... A palavra boi faz pensar: 1) em 'vaca, touro, vitelo, chifres, ruminar, mugir', etc.; 2) em 'lavoura, charrua, jugo', etc.; 3) pode evocar, e evoca em francês, ideias de força, de resistência, de trabalho paciente, mas também de lentidão, de peso, de passividade". A esse respeito, Coseriu (1986: 101) esclarece que qualquer coisa pode se associar "com outra que se encontre constantemente ou amiúde no mesmo contexto real – como o arado e o boi do exemplo de Charles Bally – , mas isto não tem em si nada de linguístico. Do mesmo modo, as ideias de força, de resistência, etc., é o objeto boi que as evoca (ou sua imagem), não a palavra *bouef*; e as evoca *na comunidade francesa*, não 'em francês', como diz Bally"[33]. Um bom exemplo de campo associativo é o seguinte, que provavelmente vem à cabeça de muitos brasileiros quando pensam na palavra *político*:

> político
> congresso
> partido
> ladrão
> corrupto
> propina

Fica claro, portanto, que campos associativos e campos lexicais não são a mesma coisa. Enquanto os campos lexicais se estruturam de forma exclusivamente linguística, os campos associativos se organizam a partir de fatores extralinguísticos. Quando se diz aqui que os campos lexicais se estruturam de forma exclusivamente linguística, quer-se dizer que os itens que compõem um campo lexical estão relacionados por componentes de significação. Por exemplo, as palavras *livro*, *revista* e *jornal* fazem parte do mesmo campo lexical pelo fato de compartilharem os componentes [ENTIDADE INANIMADA] e [PARA SER LIDO]; as palavras *professor* e *professora*, por sua vez, fazem parte de um outro campo lexical e compartilham os componentes [HUMANO] e [QUE LECIONA]. Entretanto, as palavras *professor*, *professora*, *livro* e *aula* não pertencem ao mesmo campo lexical, embora sejam facilmente associadas umas às outras por quem tiver tido a experiência de estudar numa escola, formando um campo associativo.

Obviamente, conforme foi abordado anteriormente, a língua é um instrumento de mediação entre o ser humano e os outros elementos do mundo. Nesse sentido, os semanticistas estruturalistas consideram necessário distinguir o mundo linguístico do mundo extralinguístico, do qual o ser humano é parte integrante, para se falar desse instrumento de mediação, mais especificamente do significado das palavras que fazem parte desse instrumento. Um carro e um elefante, por exemplo, são elementos do mundo extralinguístico, mas as palavras *carro* e *elefante* são elementos do mundo linguístico. No mundo extralinguístico, o elefante pode ser usado como meio de transporte, mas a palavra *elefante* não faz parte do campo lexical *veículos*. Da mesma forma, uma caneta pode ser usada como uma arma, mas a palavra *caneta* não faz parte do mesmo campo lexical da palavra *pistola*.

Um questionamento pode ser feito a respeito do lexema que corresponde ao português *elefante* nas línguas de países onde o elefante é tradicionalmente usado como um meio de transporte: será que nessas línguas o lexema correspondente a *elefante* não pertence ao campo lexical *veículos*? No nordeste brasileiro, o jegue sempre foi usado como meio de transporte: isso implica que *jegue* pertence ao campo dos meios de transporte ou ao campo dos animais? Ora, é extremamente improvável que alguém, ao responder a pergunta "O que significa *jegue*?", inicie sua sentença dizendo "*jegue* é um veículo..."

Uma solução para esse impasse pode ser a inclusão de *elefante* e de *jegue* no campo lexical *animal* e incluir o componente [USADO COMO MEIO DE TRANSPORTE] nos significados desses lexemas. E por que não fazer o mesmo com *caneta*, i.e., colocar esse lexema no campo lexical dos objetos usados para escrita e incluir em seu significado o componente semântico [USADO COMO ARMA]? Simplesmente porque o uso de uma caneta como arma, diferentemente do uso de um elefante ou um jegue como meio de transporte, é contingencial.

Essa discussão sobre a pertença de *jegue* e *elefante* ao campo lexical *veículos* demonstra que a separação entre mundo linguístico e mundo extralinguístico é apenas um artifício operacional usado por semanticistas estruturalistas. Nada mais do que um artifício. Afinal, o linguístico influencia o extralinguístico e vice-versa. É por isso que é defensável se classificar o lexema hindu correspondente a *elefante* e o lexema *jegue* como lexemas pertencentes ao campo lexical *veículos* na Índia e no Nordeste do Brasil, respectivamente.

Coseriu deu uma contribuição muito importante para o estabelecimento de um método de estudo dos campos lexicais. Muitos trabalhos de semântica feitos nas décadas de 1970 e 1980 seguiram os princípios teóricos de sua semântica estrutural, também conhecida como lexemática. Um conceito que Coseriu (1986) utiliza e que vale a pena mencionar aqui é **arquilexema**, unidade semântica que equivale ao conteúdo unitário de todo um campo lexical. Por exemplo, o campo lexical constituído por *vaca*, *mocha*, *boi*, *touro*, *bezerro* e *garrote* tem por arquilexema o lexema *bovino*. Entretanto, um campo lexical não tem necessariamente de ter um arquilexema, como o campo dos verbos que expressam locomoção por meio de um veículo, do qual fazem parte *dirigir, pilotar, pedalar* e *navegar*.

É interessante se observar um comentário de Lopes (1995: 270-271) a respeito do arquilexema: "Palavras como 'coisa', 'troço', 'negócio', capazes de substituir todos os substantivos da língua, e, às vezes, até nomes de pessoas ('coisa', como é que você se chama?), constituem os arquilexemas mais gerais". Dessa forma, *coisa* se comporta como um arquilexema universal em português, sendo usada como verbo e já tendo até sinônimos para sua forma substantiva: *negócio* e *treco*. Observe-se o diálogo abaixo:

> – Viviane, cê coisou aquele negócio?
> – Coisei, Mailane! Ôxe! Relaxe, Fia. Tá tudo em cima.

Note-se que as línguas diferem no que diz respeito aos campos lexicais. Isso ocorre devido ao fato de elas nem sempre estruturarem as mesmas realidades. Por exemplo, o português possui apenas uma palavra que significa "precipitação de cristais de gelo", i.e., *neve*; já o *inuktitut*, língua falada pelos esquimós do Alasca e do Canadá, possui treze: *aniu* (qualquer neve), *apun* (neve espessa), *aqixuqqaq* (neve macia), *auksajaq* (neve em derretimento), *auksalaq* (neve em derretimento), *mitaixaq* (neve macia sobre uma massa de gelo flutuante, cobrindo um espaço aberto), *mixik* (neve muito macia), *nutabaq* (neve fresca), *pukak* (neve granulada que se encontra mais próxima do solo), *qatiqsubniq* (neve macia, apropriada para caminhada), *qiqsruqaq* (neve transparente e reluzente no momento em que derrete), *sitxiq* (neve rígida e ríspida) e *sixxiq* (neve rígida e ríspida)*.

Coseriu faz uma proposta metodológica para a delimitação dos campos lexicais: a análise do significado dos lexemas em componentes semânticos para estabelecer as oposições entre os termos do campo. De acordo com Nida (1975),

---

* Cf. <http://www.alaskool.org/language/dictionaries/inupiaq/dictionary.htm>.

os componentes semânticos podem ser subdivididos em três tipos: o **componente comum**, que é compartilhado pelo significado de cada lexema de um campo; o **componente diagnóstico**, também chamado componente distintivo, componente essencial e componente contrastivo, que serve para distinguir um significado de outro; e **componente suplementar**, que está tipicamente presente no significado de um termo, mas que não é necessário para distingui-lo de outros significados em um conjunto particular. Os componentes que são suplementares para um conjunto de significados podem, contudo, tornar-se diagnósticos para outros conjuntos.

O campo lexical a seguir, formado pelos verbos *cravar*, *empalar*, *espetar* e *pregar*, pode ser usado para ilustrar a análise componencial dos significados desses verbos. Vejamos: que verbo significa "penetrar com um objeto pontiagudo"? Todos os quatro lexemas são respostas a essa pergunta porque estou utilizando na definição dois componentes semânticos comuns aos seus significados. Entretanto, se eu perguntar: que verbo significa "penetrar com uma estaca pelo ânus até a morte"?, o verbo *empalar* é a resposta, fácil para quem conhece a lenda do Conde Drácula, que, segundo a lenda, costumava empalar seus inimigos.

	cravar	empalar	espetar	pregar
PENETRAR	+	+	+	+
COM UM OBJETO PONTIAGUDO	+	+	+	+
COM UM ESPETO	−	−	+	−
COM UM PREGO	−	−	−	+
COM UMA ESTACA	−	+	−	−
PELO ÂNUS	−	+	−	−
ATÉ A MORTE	−	+	−	−

Agora, vejamos o campo lexical dos verbos que compartilham os componentes [MOVIMENTAR-SE] e [DANDO PASSOS]. Observe-se que o componente [COM UM PÉ SEMPRE TOCANDO O SOLO] é essencial para distinguir o significado de *correr* do significado dos outros verbos. Pouca gente percebe, mas quando corremos há momentos em que nenhum de nossos pés toca o solo. É por isso que nas competições de marcha atlética (aquele esporte em que os participantes andam de forma engraçada, praticamente rebolando), se o competidor ficar sem os dois pés fora do solo em algum momento, isso se configura em corrida e não mais em marcha atlética, o que acarretará sua desclassificação.

	chapinhar	correr	marchar	patinhar	vadear
MOVIMENTAR-SE	+	+	+	+	+
DANDO PASSOS	+	+	+	+	+
COM UM PÉ SEMPRE TOCANDO O SOLO	+	–	+	+	+
COM MOMENTOS EM QUE NENHUM DOS PÉS TOCA O SOLO	–	+	–	–	–
EM ÁGUA	+	–	–	+	+
EM LAMA	+	–	–	+	–
EM VAU	+	–	–	+	+
A PASSO CADENCIADO	–	–	+	–	–

Dá para perceber como a análise componencial é útil para lexicógrafos, em sua difícil tarefa de elaboração de dicionários. (Mas, aqui pra nós: ela é trabalhosa, né?)

Um fenômeno semântico que salta aos olhos quando observamos um campo lexical é a **sinonímia**. Quando pensamos em sinonímia, podemos ficar tentados a considerá-la um movimento em direção contrária à polissemia em termos de economia linguística. Afinal, para que uma língua quer ter palavras diferentes que significam a mesma coisa? Entretanto, não existe sinonímia perfeita em nenhuma língua. Os sinônimos seriam perfeitos se pudessem ser usados em todos os contextos.

Clark (1992) possui uma posição interessantemente radical: a de que não existem sinônimos porque sempre há contrastes entre as palavras usadas pelos falantes-ouvintes. Contudo, essa posição pressupõe uma definição extremamente forte de sinonímia, que a levaria a ser vista como igualdade de significados. Mas, repito, sinônimos perfeitos (ou absolutos) não existem. E é exatamente a partir dessa inexistência que se pode definir sinonímia como a semelhança ou a identidade de significados, e não como a igualdade de significados.

O fato básico na sinonímia é simples: quando você encontrar dois sinônimos que parecem perfeitos e cujas diferenças você não consegue determinar, isso significa apenas que você não sabe quais são as diferenças entre esses sinônimos, mas que elas existem, existem. Ullmann (1964) lembra que os sinônimos perfeitos são raros, encontrados apenas na nomenclatura técnica, como, por exemplo, os dois nomes do português de Portugal usados para se referir à inflamação do intestino ceco, *caetitis* e *typhlitis*. Fora da nomenclatura técnica, dois sinônimos perfeitos não coexistiriam por muito tempo por causa da redundância desnecessária: ou um deles desapareceria ou o significado de um deles sofreria uma mudança para se diferenciar do significado do outro. Para Ullmann (1964: 294),

> [...] é perfeitamente verdade que a absoluta sinonímia vem contra o nosso modo habitual de considerar a linguagem. Quando vemos palavras diferentes, supomos que deve haver também alguma diferença no significado, e, na vasta maioria dos casos, há de fato uma distinção, muito embora ela possa ser difícil de formular. Muito poucas palavras são completamente sinônimas no sentido de serem permutáveis em qualquer contexto, sem a mais leve alteração do significado objetivo, do tom sentimental ou do valor evocativo.

Assim, uma questão importante para os semanticistas, e em especial para os lexicógrafos, é a delimitação dos sinônimos. Em outras palavras, a questão de como diferenciar um sinônimo do outro. A maneira mais óbvia de se fazer isso é o teste da substituição de um sinônimo por outro em contextos diferentes. Isso delimita os contextos em que um sinônimo pode ser usado e o outro não. Por exemplo, a primeira sentença dos pares de sentenças abaixo permite o uso dos dois sinônimos destacados, mas a segunda sentença causa dúvidas quanto à adequação do uso de um dos sinônimos:

a) O guepardo é muito rápido/ligeiro.
b) Dinho tem um raciocínio rápido/ligeiro (?!).

c) Pai/Papai, me empresta o carro?
d) O pai/papai (?!) do deputado faleceu na noite de ontem.

> e) Não sei qual a raça do seu cachorro/cão, Mailane.
> f) Quem? Jean Marcel? Aquilo é um cachorro/cão (?!) safado, Vivi. Não vale nada. Ele só quer se aproveitar de você.

O interessante é que os falantes-ouvintes de uma língua, no caso o português brasileiro, têm o conhecimento implícito das restrições selecionais, isto é, das palavras que podem co-ocorrer com outras palavras. Esse conhecimento das restrições selecionais reduz os problemas potenciais da polissemia, levando os brasileiros a não dizerem, por exemplo, "raciocínio ligeiro", "o papai do deputado" e "Jean Marcel é um cão safado".

A sinonímia pode ocorrer tanto no nível lexical quanto no nível sentencial. Quando a semelhança de significado ocorre entre sentenças, costuma-se chamá-la de **paráfrase**. Por exemplo, os pares de sentenças abaixo contêm sentenças sinônimas:

> g) O Ipiranga derrotou o Galícia na Fonte Nova.
> h) O Galícia foi derrotado pelo Ipiranga na Fonte Nova.

> i) Todos os estivadores aprovaram a greve.
> j) A greve dos estivadores foi aprovada por unanimidade.

> k) Lampião está morto.
> l) Lampião não está vivo.

O par (g)-(h) apresenta a já conhecida equivalência semântica entre voz ativa e voz passiva. Observe-se que a diferença de topicalização comprova a inexistência da sinonímia perfeita. Em (i)-(j), essa equivalência se une à identidade semântica entre *todos* e *por unanimidade* para criar a sinonímia. O par (k)-(l) apresenta uma paráfrase causada pela oposição dos significados de *vivo* e *morto* unida a uma negação, provocando a figura de linguagem conhecida por **lítote** (afirmação de algo por meio da negação do seu oposto).

Isso nos leva a abordar a questão da **antonímia**, i.e., oposição de significados, a qual pode ser classificada em três tipos, seguindo-se Jackson e Amvela (2000): oposição gradual, oposição complementar e oposição conversa. A **oposição gradual** é um fenômeno que ocorre apenas com o significado de adjetivos ou advérbios derivados de adjetivos que permitem construções comparativas e superlativas. Lehrer (1974) comenta que a antonímia está ligada à ideia de negação e, no caso dos antônimos graduais, à ideia de comparação. Alguns exemplos de opostos graduais: *novo/velho*; *alto/baixo*; *caro/barato*; *lentamente/rapidamente*.

Observe-se que a relação entre os termos de cada par é uma relação de mais ou menos, representando os significados de cada termo os extremos não absolutos de uma escala de comparação. Assim, por exemplo, um planeta novo é muito mais velho do que a cidade de Salvador, mas a cidade de Salvador é mais velha do que o time do Bahia. Em outras palavras, o que é novo em um contexto pode ser velho em outro contexto e vice-versa. Jackson e Amvela (2000) apontam outra característica dos opostos graduais: seus membros podem ser modificados por advérbios de intensidade.

Lehrer (1974) faz um comentário interessante: mesmo quando uma comparação não está sendo feita de forma explícita, o uso de um termo de um grupo de antônimos graduais traz uma comparação implícita. Por exemplo, a afirmação "Tio Patinhas é rico" implica que ele é rico em relação a algum parâmetro, que pode ser ou uma norma que estabelece a quantia monetária necessária para qualificar Tio Patinhas como rico ou a quantia monetária possuída pelos habitantes de Patópolis considerados pobres.

A **oposição contraditória** é a relação excludente, a relação ou-ou, entre significados de dois antônimos, que não se limitam a adjetivos, incluindo também nomes e verbos, como *acordado/adormecido*, *vida/morte* e *ir/ficar*. Se um termo de um par de opostos contraditórios é usado em um contexto, o outro termo fica excluído. Como lembra Lehrer (1974), a negação de um termo do par implica a afirmação do outro termo, e vice-versa. Por exemplo, a afirmação "A Bela Adormecida está acordada" implica a negação "A Bela Adormecida não está adormecida".

Enquanto os opostos graduais podem ser modificados por advérbios de intensidade, os opostos contraditórios não são normalmente modificados por advérbios de intensidade, a não ser com objetivos estilísticos. Por exemplo, podemos imaginar a seguinte situação: um determinado conde inglês foi dado como morto, mas ninguém viu seu cadáver. Curioso, Sherlock Holmes decide investigar o caso e descobre o tal conde em Füssen, uma cidade alemã, tomando chocolate quente de mãos dadas com uma amiga da sua suposta viúva, enquanto apreciava o castelo de Neuschwanstein. Ao testemunhar a cena romântica, Holmes diz: "Parece-me que o conde morto está bem vivo, meu caro Watson. Precisamos avisar à viúva que ela continua mais casada do que nunca".

Coseriu (1986) usa o termo **oposição privativa** para se referir a esse tipo de antonímia, lembrando que as oposições privativas são relações existentes entre dois itens que concentram bipolarmente a substância semântica, como a que existe entre os lexemas *vivo* e *morto*. Por exemplo, se é um fato que Raul Seixas está morto, ele não pode estar vivo: ou o Maluco Beleza está vivo ou está morto. Não há uma possibilidade de comparação com os membros dos pares de opostos contraditórios: Raul Seixas não pode estar mais morto do que Nélson Gonçalves. Observe-se que tal impossibilidade abre caminho para um uso estilístico do comparativo e do superlativo de adjetivos desse tipo. Se um turista que vem à Bahia com frequência diz "Eu me sinto mais vivo quando estou na Bahia", o tom emotivo de seu enunciado fica explícito, provocando um efeito estilístico na sentença.

Na **oposição conversa**, um termo de um par de antônimos expressa um significado converso ao significado do outro termo. Em outras palavras, o mesmo fato ou evento pode ser expresso de duas perspectivas diferentes, uma implicando a outra. Esse tipo de fenômeno só acontece com o significado de nomes, verbos e preposições, mas não de adjetivos. Por exemplo, a primeira sentença de cada par abaixo implica, conversamente, a segunda sentença:

m) Ivone é tia de Celeste.
n) Celeste é sobrinha de Ivone.

o) Edvaldo comprou o terreno de Índio.
p) Índio vendeu o terreno para Edvaldo.

q) A nota de Luciana está acima da média da turma.
r) A média da turma está abaixo da nota de Luciana.

> s) Dinho terminou o mapa astral <u>antes de</u> Agílson.
> t) Agílson terminou o mapa astral <u>depois de</u> Dinho.

Coseriu (1986) aponta mais um tipo de oposição de significado: a **oposição equipolente**, que estabelece o mesmo nível e *status* semântico para os significados dos lexemas que pertencem a um mesmo campo lexical, como ocorre, por exemplo, com os campos dos dias da semana, dos meses do ano, das aves e dos peixes. Lyons (1996) prefere chamar a oposição equipolente de **relação de incompatibilidade** e alerta para a generalização equivocada que é chamar-se de antonímia qualquer relação de oposição de significado:

> O termo "antonímia" foi cunhado no século dezenove para descrever um fenômeno, oposição de significado, o qual era considerado o oposto de sinonímia; e havia muita confusão na semântica provocada pela prática comum de tratar os termos "sinônimo" e "antônimo" como opostos. Frequentemente tem-se pensado "antonímia" (no sentido mais amplo de "oposição de significado") para se referir ao extremo oposto da identidade de significado: i.e., ao grau máximo de diferença de significado. Mas isso é obviamente errado, no que diz respeito à maioria dos exemplos de antonímia citados em dicionários e manuais de semântica. Quando nós comparamos e contrastamos dois objetos com respeito à sua posse ou falta de uma ou mais propriedades, nós geralmente o fazemos com base em suas semelhanças em outros aspectos[34].

Esse alerta é importante para o entendimento das relações de oposição entre os lexemas de um campo lexical. Como vimos, a oposição entre os significados de lexemas como *grande* e *pequeno* é de um tipo diferente da existente entre os significados de *marido* e *mulher*. Afirmar apenas que o antônimo de *grande* é *pequeno* e que o antônimo de *marido* é *mulher* é insatisfatório do ponto de vista da semântica estrutural porque tal afirmação deixa de apreender a natureza relacional existente entre os significados.

Lyons (1996) lembra, ainda, que os lexemas de um campo lexical estabelecem um outro tipo importante de relação: a **hiponímia**, que é a relação hierárquica existente entre o significado de um termo específico e o significado do termo mais genérico de um campo. Pode-se dar o exemplo de *futebol* e *natação* em relação a *esporte*, ou ainda *rosa* e *tulipa* em relação a *flor*. Observe-se que, nessa relação, há uma implicação unilateral: *natação* implica *esporte*, mas *esporte* não implica *natação*. Dessa forma, *futebol* e *natação* são ambos **hipônimos** de *esporte*, e, portanto, **co-hipônimos** em relação um ao outro. O mesmo pode se dizer de *rosa* e *tulipa* em relação a *flor*. Para se referirem à relação entre *esporte* e os lexemas *futebol* e *natação*, alguns linguistas usam o termo **hiperonímia**, mas Lyons prefere o termo **superordenação**, já que hiperonímia e hiponímia são muito parecidos. Dessa forma, *flor* é o hiperônimo de *rosa* e *tulipa*, e *esporte* é o hiperônimo de *futebol* e *natação*.

Conforme vimos anteriormente, na semântica estrutural, o termo mais geral de um campo lexical é chamado de **arquilexema** do campo. Lyons prefere o termo *superordinado* ao invés de *arquilexema*. O campo lexical *veículo*, apresentado a seguir, permite uma visualização da relação de hiponímia. O arquilexema do campo é *veículo*. Observe-se que ao definirmos qualquer um dos hipônimos de *veículo*, diremos: "X é um veículo ...", sendo X qualquer um dos hipônimos de *veículo*.

VEÍCULO				
embarcação	automóvel	trem	aeronave	espaçonave
navio	carro	bonde	avião	ônibus espacial
nau	caminhão		teco-teco	foguete
cargueiro	ônibus		jato	disco voador
barco	caminhonete		bombardeiro	
bote	jipe		helicóptero	
esquife	tanque		ultraleve	
jangada	bicicleta		planador	
caiaque	motocicleta			
	lambreta			

Lembro-me de algo que vi na TV e que gostaria de relatar aqui, relacionado a campos lexicais e hiperonímia. Em sua edição de 1º de dezembro de 2004, o telejornal Bahia Meio-Dia veiculou uma reportagem sobre os problemas de saneamento básico em um bairro pobre de Salvador, chamado Sussuarana. O repórter entrevistou algumas pessoas e uma moradora disse o seguinte: "Cobra, rato, lagarto... tudo que é inseto ruim tem aqui". Foi interessante ouvir a moradora usar o termo *inseto* como se fosse o arquilexema de um campo formado por *cobra*, *rato* e *lagarto*, que não fazem parte do campo lexical *insetos*. Mas note-se na moradora a tentativa inconsciente de agrupar os termos que usou.

Bem, no próximo capítulo, a partir do gerativismo, uma vertente do estruturalismo, veremos que construtos teóricos semelhantes aos componentes semânticos e aos campos lexicais são usados tanto por gerativistas que se mantiveram próximos ao arcabouço teórico original, i.e., os adeptos da semântica interpretativa, quanto por gerativistas que se afastaram radicalmente do arcabouço teórico original, i.e., os adeptos da semântica gerativa e, posteriormente, da semântica cognitiva.

5
Semântica, gerativismo e cognição

O gerativismo, no início da sua primeira fase, a chamada Teoria Padrão, inaugurada com a publicação de *Estruturas sintáticas* (1957) e consolidada com a publicação de *Aspectos da teoria da sintaxe* (1965), enfatizava o estudo da sintaxe e excluía explicitamente o estudo do significado do escopo de sua pesquisa. Nas palavras de Noam Chomsky (1980: 115), autor dessas obras e criador do gerativismo: "A melhor formulação de uma gramática estabelece-a como um estudo autônomo, independente da semântica".

Essa opção de não incluir os fenômenos do significado em sua pesquisa, o que contribuiu para que muitos linguistas não dessem a devida atenção aos estudos semânticos durante algum tempo, foi de ordem puramente metodológica. A preocupação de Chomsky, naquele momento, era elaborar um modelo que descrevesse a **competência** do falante-ouvinte, i.e., o conhecimento gramatical que um falante adulto possui de sua língua materna, o qual o capacita a produzir e a compreender sentenças dessa língua.

Chomsky propôs algo novo em termos de estudos sintáticos: a existência de uma estrutura profunda e de uma estrutura superficial em uma sentença. A estrutura profunda é abstrata, gerada por regras categoriais que criam sintagmas e por regras de inserção de elementos lexicais. Ela é responsável pela interpretação semântica de uma sentença. Já a estrutura superficial corresponde ao que as pessoas ouvem quando alguém profere uma sentença, sendo, portanto, nesse sentido, concreta. Ela é responsável pela interpretação fonológica e é gerada por regras de transformações gramaticais que determinam a posição dos sintagmas na sentença e outros fenômenos sintáticos.

Nas línguas naturais, ocorrem sentenças estruturalmente ambíguas, como, por exemplo: "O policial atirou no terrorista com uma metralhadora". Nesta sentença, o sintagma "com uma metralhadora" pode estar indicando a forma que o policial usou para alvejar o terrorista ou pode indicar que o terrorista estava com uma metralhadora quando o policial atirou. Para Chomsky, a ambiguidade que se manifesta na estrutura superficial de uma sentença como essa pode ser entendida a partir da análise de sua estrutura sintática, que vai demonstrar haver, na verdade, duas estruturas profundas diferentes que acabam produzindo uma mesma estrutura superficial por causa de regras transformacionais. Esse tipo de raciocínio foi introduzido nos estudos linguísticos pela teoria gerativista ou transformacional.

Bem, não vou entrar aqui em detalhes da Teoria Padrão. Essas informações bastam para ilustrar o fato de, inicialmente, os gerativistas terem se concentrado em elaborar uma teoria que desse conta dos fenômenos sintáticos, em detrimento de uma que também desse conta dos fenômenos semânticos, que pareciam ser alvo de interesse dos gerativistas apenas quando a sintaxe era incapaz de justificar determinados fenômenos da linguagem.

Veja-se, por exemplo, o fenômeno da equivalência semântica, entendida aqui como equivalência de significado proposicional* de sentenças na voz passiva e sentenças na voz ativa que não possuem quantificadores e a não equivalência semântica entre sentenças na voz ativa e na voz passiva que possuem dois quantificadores. Fenômenos semânticos como esse contribuíram para levar os gerativistas a reverem a posição da Teoria Padrão em relação à questão do significado. O primeiro par de sentenças a seguir ilustra o caso da equivalência semântica e o segundo par ilustra o caso da não equivalência semântica:

> a) O Fluminense derrotou o Flamengo.
> b) O Flamengo foi derrotado pelo Fluminense.

> c) Todos os alunos desta turma falam duas línguas.
> d) Duas línguas são faladas por todos os alunos desta turma.

---

* Note-se que duas sentenças possuem significados proposicionais equivalentes se elas se referem ao mesmo fato ou evento.

Dois pontos podem ser questionados a respeito desses pares de sentenças: a equivalência semântica entre as sentenças do primeiro par e a falta de contexto para os dois pares de sentenças. Apesar de haver uma diferença em termos de topicalização entre as sentenças (a) e (b), as duas possuem o mesmo significado proposicional. Quanto à falta de um contexto, é importante lembrar que a análise gerativista é feita no nível sentencial descontextualizado. Isso é contrário à visão de sociolinguistas e de analistas do discurso, já que as sentenças, em qualquer língua, sempre ocorrem dentro de um contexto discursivo. Pode-se até argumentar em favor do gerativismo, afirmando-se que o contexto usado pelos gerativistas é exatamente a falta de um contexto extralinguístico. Entretanto, o que se pretende aqui não é fazer uma análise crítica da metodologia gerativista, mas sim mostrar como a questão semântica é abordada pelo gerativismo.

O caso da não correspondência semântica entre sentenças na ativa e sentenças na passiva com dois quantificadores contribuiu para dividir os gerativistas. Como lembra Lúcia Lobato (1986: 266),

> [...] duas atitudes foram vislumbradas: continuar mantendo o princípio de que as transformações não alteram o significado, e então atribuir estruturas profundas diferentes a frases aparentadas, mas com diferenças semânticas [...]; ou abandonar o princípio de que as transformações não alteram o significado e atribuir a mesma estrutura profunda a essas frases aparentadas, permitindo que as regras de interpretação semântica operem não só na estrutura profunda, mas também em outro nível.

É possível entender a decisão metodológica inicial dos gerativistas de excluírem o significado do escopo de sua pesquisa. Entretanto, essa exclusão causou dificuldades para o próprio empreendimento gerativista. Lehrer (1992: 245) faz uma crítica a respeito da posição teórica da gramática gerativa em sua primeira fase:

> As teorias semânticas predominantes durante o período inicial da gramática gerativa (*e.g.* Katz e Fodor, 1963) aceitavam como verdadeira a ideia de que o significado era determinado, com limites claros, e que um investigador inteligente, usando testes sutis, poderia superar a confusão aparente nos dados e descobrir a *verdadeira* caracterização semântica. Entretanto, qualquer semanticista lexical praticante que descreva um campo lexical de uma língua natural (em oposição a um teórico que cuidadosamente seleciona apenas aqueles exem-

plos que sejam adequados à teoria que está sendo desenvolvida) tem tido que lidar com limites intrinsecamente indistintos[35].

Não por acaso, a decisão inicial de não levar em conta questões semânticas não perdurou muito tempo. Os gerativistas tinham plena consciência de que os fenômenos semânticos são extremamente relevantes para a linguística, como atestaram Jerrold Katz e Jerry Fodor, em 1963, por meio de um artigo intitulado "Estrutura de uma teoria semântica", publicado originalmente na revista especializada *Language*. Para Katz e Fodor, é necessário haver uma teoria semântica que descreva e explique a capacidade que as pessoas possuem para interpretar o sentido das sentenças produzidas em sua língua. Eles admitem que uma teoria da gramática que apenas descreva e explique a capacidade sintática que um indivíduo possui para produzir sentenças gramaticais não é suficiente: uma língua só será descrita de forma satisfatória por meio de uma teoria gramatical somada a uma teoria semântica.

Para eles, até o momento em que escreveram aquele artigo, existiam muitos dados sobre os fenômenos do significado, os quais já haviam sido investigados por diversas disciplinas, como a filosofia, a psicologia e a linguística, mas não havia sistematicidade teórica que interligasse essas investigações. Em outras palavras, não havia ainda uma teoria semântica que desse conta dos problemas do significado. Katz e Fodor (1977: 96) comentaram o que uma teoria semântica deveria conter:

> O fato básico que uma teoria semântica tem a explicitar é que o falante determina o significado de uma sentença a partir dos significados dos itens lexicais que a constituem. A fim de explicitar esse fato, uma teoria semântica deve conter dois componentes: um dicionário dos itens lexicais da língua e um sistema de regras (que denominaremos *regras de projeção*), que operam descrições gramaticais completas de sentenças e verbetes lexicais, para produzir interpretações semânticas para cada sentença da língua. Essa teoria explicitaria o modo pelo qual o falante aplica a informação do dicionário às sentenças e resolveria o problema da projeção para a semântica, reconstituindo a capacidade do falante de interpretar qualquer sentença dentre o número infinito de sentenças de sua língua.

Percebe-se que eles estavam interessados em formular uma teoria da linguagem que descrevesse e explicasse a capacidade de um falante-ouvinte de qualquer língua natural de construir sentenças gramaticais e de interpretar o significado dessas sentenças. Isso é muito positivo no sentido de desfazer a fama que o gerativismo tem de não se importar com as questões do significado.

Mas, como os gerativistas viam os estudos do significado? Na verdade, há duas abordagens semânticas de cunho gerativista que se rivalizaram: a semântica interpretativa e a semântica gerativa.

A **semântica interpretativa** surgiu oficialmente em 1963 com a publicação do artigo de Katz e Fodor mencionado anteriormente. Segundo Janet Fodor (1997), a semântica interpretativa destaca duas questões básicas: (1) a atribuição de representações semânticas às sentenças, da mesma forma que é realizada a atribuição de estruturas às orações, deve ser realizada por meio de regras recursivas; (2) a associação de uma oração a um significado não é um processo arbitrário, mas, isto sim, um processo determinado pela estrutura sintática da oração e pela combinação dos conteúdos de suas partes lexicais (essa combinação é conhecida como **composicionalidade**). Percebem-se aí duas coisas que vão fazer parte também do arcabouço teórico da semântica formal, as quais são a tentativa de se usar um aparato formal para a análise das línguas naturais e a composicionalidade do significado das sentenças.

Fodor (1997: 96) lembra que a semântica interpretativa vislumbra a existência de um componente semântico independente na gramática. As funções desse componente seriam especificar o significado dos elementos lexicais e proporcionar as regras recursivas que operariam sobre a estrutura sintática da sentença para, a partir do significado das partes lexicais, construir as especificações dos significados dos sintagmas e da sentença como um todo. Note-se a importância que a especificação do significado lexical toma para a teoria proposta por Katz e Fodor. Por essa razão, os itens lexicais de uma língua com seus significados são essenciais para a semântica interpretativa.

O conjunto desses itens lexicais com as informações necessárias acerca de seus significados forma aquilo que Katz e Fodor chamam de "dicionário" (FODOR, 1997). Cada item do dicionário teria um ou mais significados, ou leituras. As leituras são os percursos possíveis que vão desde a representação fonológica (ou ortográfica) a cada uma das restrições de seleção (BONOMI & USBERTI, 1983: 73). Já as regras de projeção são as regras que permitem a leitura de estruturas mais complexas a partir das leituras dos constituintes lexicais. O exemplo mais conhecido de entrada de dicionário, oferecido por Katz e Fodor, é o relativo à palavra inglesa *bachelor*, que significa tanto "solteiro" quanto "foca jovem macho", ilustrado pela árvore a seguir. Note-se que é impossível não notar a semelhança que os marcadores e os distinguidores semânticos mantêm com os componentes semânticos abordados no capítulo anterior.

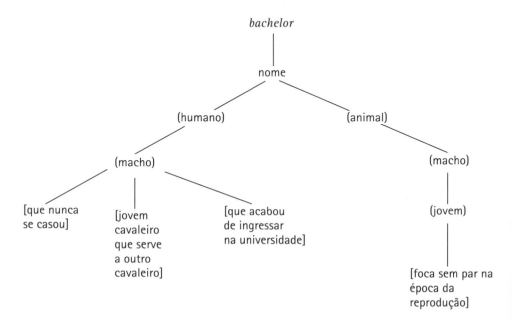

Os elementos em parênteses são os marcadores (ou indicadores) semânticos e os elementos em colchetes são os distinguidores (ou diferenciadores) semânticos. Katz e Fodor (apud FODOR, 1977: 211) explicam que marcadores semânticos são usados em uma teoria para expressar as relações semânticas entre um item lexical e o resto do vocabulário de uma língua, enquanto que os distinguidores semânticos especificam as idiossincrasias do significado do item lexical. Andrea Bonomi e Gabriele Usberti (1983) lembram que "a distinção entre os dois tipos de traços semânticos não é particularmente relevante, como demonstra o fato de, em Katz (1966), os diferenciadores terem sido eliminados".

Para os adeptos da semântica interpretativa, a sintaxe é autônoma em relação à semântica. Aceitar tal autonomia gera um problema interessante, apontado por Bonomi e Usberti (1983: 75), o qual é exatamente a falta de critérios claros para se decidir se um fenômeno está no âmbito da sintaxe ou no da semântica: "pressupomos que sintaxe e semântica são distintas, mas não sabemos por onde passa a linha de demarcação; por isso, como podemos decidir, por exemplo, se uma sequência não aceitável é malformada sintaticamente ou semanticamente anômala?"

Essa é uma questão difícil de ser respondida e bastante provocadora. E acabou provocando mesmo alguns pesquisadores gerativistas, ex-alunos de Chomsky, dos quais se destacaram George Lakoff, James McCawley e John Ross, o que gerou um racha irreversível no gerativismo. Na opinião desses teóricos, o grande problema da semântica interpretativa é o fato de ela considerar a sintaxe autônoma em relação à semântica. Para esses gerativistas rebeldes, a sintaxe está incluída na semântica. Por isso, McCawley brincava, chamando a teoria semântica gerativa de "semantaxe" ou "sinântica" (BINNICK, 2007).

Esse grupo criou a corrente teórica que ficou conhecida como **semântica gerativa**, que representou uma forte reação à Teoria Padrão. Nas palavras de Lakoff (1973): "o que nós estamos tentando fazer é desenvolver uma teoria linguística que esteja baseada no estudo do pensamento humano e da cultura – a verdadeira antítese da gramática transformacional, estreitamente concebida por Chomsky"[36]. É a partir daí que a separação entre sintaxe, semântica e pragmática começa a ser questionada dentro da corrente gerativista, trazendo à tona o debate a respeito da inclusão do uso da língua nos estudos linguísticos, que havia sido excluído por Saussure mais de meia década antes.

Vale lembrar que o uso da competência por parte do falante-ouvinte foi chamado por Chomsky de **desempenho** (ou performance). Percebe-se aí, no binômio competência/desempenho, uma aproximação com a dicotomia saussureana língua/fala. Assim como Saussure, ele exclui de sua pesquisa o uso linguístico por considerá-lo um reflexo imperfeito da competência. Chomsky (1978: 83) não deixa dúvidas quanto a essa exclusão:

> A teoria linguística tem antes de mais como objeto um falante-ouvinte ideal, situado numa comunidade linguística completamente homogênea, que conhece a sua língua perfeitamente, e que, ao aplicar o seu conhecimento da língua numa performance efetiva, não é afetado por condições gramaticalmente irrelevantes tais como limitações de memória, distrações, desvios de atenção e de interesse, e erros (casuais ou característicos).

Isso causou reações imediatas por parte de sociolinguistas e, posteriormente, de gerativistas, pela razão apontada mais acima: a exclusão do uso linguístico. Como não levar em consideração o fato de a língua ser usada por pessoas diferentes, em contextos sociais distintos, o que faz com que toda comunidade linguística seja naturalmente heterogênea? É fácil entender essas reações, né? Afinal, não existe algo como um falante-ouvinte ideal e nem uma comunidade linguística homogênea.

Lakoff (2007) chegou a afirmar que muitos dos pressupostos teóricos do gerativismo foram considerados inadequados e rejeitados por muitos linguistas da escola gerativista, mais especificamente pelos adeptos da semântica gerativa. Entre esses pressupostos encontram-se os seguintes:

1) A sintaxe é independente em relação ao pensamento humano.

2) Existe uma estrutura sintática profunda.

3) As categorias sintáticas independem das categorias do pensamento humano.

4) O uso da língua é irrelevante para a gramática.

5) A sintaxe independe dos pressupostos culturais e sociais do falante-ouvinte.

Assim, insatisfeito com o gerativismo, Lakoff estava pronto para embarcar em posicionamentos teóricos radicalmente diferentes. Isso aconteceu a partir de 1975, quando ele entrou em contato com as ciências cognitivas, abandonando definitivamente a gramática transformacional e participando, junto com outros teóricos como Ronald Langacker e Mark Johnson, de uma corrente teórica que hoje é chamada **semântica cognitiva**.

O adjetivo *cognitiva* aponta para aquilo que os estudos semânticos devem levar em consideração: a cognição humana. Por isso, a semântica cognitiva estuda os fenômenos do significado com base nas experiências do falante-ouvinte e no ambiente sociocultural em que ele se encontra. Consequentemente, dois importantes objetos de estudo da semântica cognitiva são a prototipicidade e a metáfora.

Vimos no capítulo anterior que o léxico é dividido em campos lexicais pelos adeptos da semântica estrutural. Similarmente, os adeptos da semântica cognitiva vislumbram o léxico contendo categorias como, por exemplo, *cores*, *aves*, *mamíferos* e *frutas*, as quais se assemelham aos campos lexicais. Augusto da Silva (1999: 16) nos informa que as categorias lexicais apresentam uma estrutura baseada em protótipos:

> [...] os vários membros e propriedades de uma categoria possuem, geralmente, diferentes graus de saliência (uns são prototípicos e outros periféricos), agrupam-se, fundamentalmente, por similaridades parciais (e não necessariamente por um conjunto de propriedades

comuns a todos), e os limites entre si bem como entre diferentes categorias são, geralmente, imprecisos (na medida em que as categorias compreendem zonas periféricas à volta de centros prototípicos bem estabelecidos).

Apoiando-se em Dirk Geeraerts, Da Silva (1999: 36) lembra que a prototipicidade, sendo provavelmente o resultado do funcionamento de princípios cognitivos, existe por ser cognitivamente vantajosa para os falantes-ouvintes. Mas de que forma isso é vantajoso? Entendo que essa vantagem se dá em termos de armazenamento de informações, já que a prototipicidade torna mais fácil para os indivíduos organizarem os elementos lexicais com base em elementos representativos e periféricos, facilitando o trabalho da memória do indivíduo. Isso pode ser observado quando uma pessoa tenta descrever um animal que viu e não sabe exatamente que animal era. Ela acaba lançando mão da categoria ao qual ele pertence e de propriedades prototípicas: "É uma ave, com certeza – tem penas e bico, mas não voa". Essa pessoa sabe que ter penas e bico são características dos membros que pertencem à categoria *aves*, embora esse animal em particular não voe.

Da Silva (1999), ainda baseando-se em Geeraerts, lembra que quatro efeitos, ou características, estão envolvidos na prototipicidade, resultantes da relação entre duas dimensões, i.e. a não igualdade e a não discrição, e o nível extensional, ou referencial, e o nível intensional, ou semântico, de um item lexical. Vale lembrar que a não igualdade entre os referentes, significados e suas propriedades se refere aos diferentes graus de saliência desses elementos e à estrutura interna da categoria sob a forma de um centro e uma periferia; a não discrição se refere à flexibilidade desses elementos e dessa categoria e às dificuldades de demarcação daí restaurante (DA SILVA, 1999: 30). Vejamos esses efeitos:

EFEITO 1: A não igualdade provoca efeitos extensionais por gerar diferentes graus de representatividade entre os membros de uma categoria. Por exemplo, o tigre, o cachorro, o macaco, o morcego, o golfinho e o ornitorrinco são mamíferos. Entretanto, pelo fato de o morcego voar, de o golfinho viver na água e parecer um peixe, e de o ornitorrinco ter bico, pôr ovos e viver na água, esses três animais são os menos representativos da categoria *mamíferos*. Afinal, se você pedir a alguém para citar um mamífero, é extremamente improvável que esse alguém diga *golfinho*, *morcego* ou *ornitorrinco*. Experimente fazer esse teste.

EFEITO 2: A não igualdade provoca efeitos intensionais porque não é possível elaborar-se um conjunto de traços semânticos que sejam comuns a todos os itens lexicais de uma categoria. No caso de mamíferos, os traços [+ OVÍPARO] e [+ AQUÁTICO], que são essenciais para o significado de *ornitorrinco*, não se aplicam a *tigre* e a *morcego*, por exemplo.

EFEITO 3: A não discrição gera efeitos extensionais causando flutuações nas margens de uma categoria pela ausência de limites nítidos. O ornitorrinco é um caso exemplar. Ele põe ovos, vive na água e na terra, tem bico, amamenta seus filhotes e tem pelos. Então, o que qualifica o ornitorrinco como mamífero no fim das contas? Uma decisão *ad hoc* dos biólogos?

EFEITO 4: A não discrição tem um efeito intensional na medida em que torna impossível o estabelecimento de elementos necessários e suficientes para determinar se o significado de um item lexical o agrupa em uma determinada categoria. Se isso fosse possível, o que faríamos com *morcego*, *golfinho* e *ornitorrinco*? Em que categoria os incluiríamos?

Da Silva lembra que esses quatro efeitos de prototipicidade não necessariamente se manifestam conjuntamente em uma categoria. Podem ocorrer apenas dois ou três efeitos, por exemplo. Ele cita o caso da categoria *aves*, na qual o efeito 3 não se manifesta. Afinal, quem há de pensar que membros não muito representativos, como a avestruz, que não voa, e o pinguim, que não voa e tem algo que não se parece com penas, não são aves? A avestruz e o pinguim podem não ser representativos, mas ninguém tem dúvidas de sua pertença à categoria *aves*. (Observe-se que o ornitorrinco causa essa grande dúvida: pertence ou não à categoria *mamíferos*?)

Outro objeto de estudo da semântica cognitiva é a **metáfora**. Tradicionalmente, a metáfora, assim como as outras figuras de linguagem, sempre foi tratada à margem dos estudos semânticos, como sendo um desvio. Portanto, antes de vermos como a metáfora é tratada pela semântica cognitiva, vamos dar uma olhada em algumas informações acerca da metáfora a partir de teóricos de outras vertentes.

Antes de mais nada, uma pergunta: há alguma diferença entre **tropos** e **figuras**? Bem, o termo *tropo* é oriundo da palavra que os gregos usavam para se referir a figuras de linguagem, a qual significava "torcer, virar" (GIBBS, 1999). Daí a ideia bem difundida de que o tropo, ou a figura, representa um desvio, uma distorção semântica.

Segundo Roberto Brandão (1989: 19), no passado "os tropos eram descritos como figuras que implicavam uma nova significação das palavras e recebiam diferentes denominações de acordo com o modo de relação entre a considerada primeira significação (própria) e a segunda (a figurada)". Dessa visão resultavam quatro tipos de tropos: a metáfora, tropo de relação de semelhança; a metonímia, tropo de relação de correspondência; a sinédoque, tropo de relação de conexão; e a ironia, tropo de relação de contrariedade. Já Margaret Zulick (2005) define tropos como substituições de termos nas quais um termo preenche um lugar numa cadeia de palavras que ele usualmente não ocupa, sendo a metáfora a forma mais simples de tropos. Percebe-se que Zulick considera os tropos fenômeno semânticos. Ela reserva o termo *figuras* para fenômenos sintáticos.

Pode-se, portanto, afirmar que tropos são as figuras semânticas, o que não impede ninguém de usar o termo *figuras* para falar a respeito de fenômenos sintáticos também. De qualquer forma, o tropo ou a figura semântica mais abordada em manuais de estilística, semântica e linguística é a metáfora, sobre a qual há inúmeros livros exclusivamente escritos a seu respeito, vindo a metonímia em segundo lugar.

Lakoff e Johnson (1980: 36) consideram a metáfora e a metonímia tipos diferentes de processos. Para eles, a metáfora é "principalmente um meio de se conceber uma coisa em termos de outra, e sua função primária é o entendimento", enquanto que a metonímia "tem primariamente uma função referencial, ou seja, ela nos permite usar uma entidade para *representar* outra. Mas a metonímia não é meramente um mecanismo referencial. Ela também serve à função de propiciar entendimento"[37].

A visão segundo a qual as figuras de linguagem são consideradas violações ou deslizes semânticos deve ser tratada com cuidado. Segundo Yaguello (1997: 147), "as figuras procedem de violações semânticas, visto que há, quase sempre, uma *violação de fronteiras* entre animado e inanimado, humano e não humano, material e não material, etc." Entretanto, é necessário ter-se o cuidado para não se entenderem deslizes ou violações de uma forma estreita e se considerarem as figuras como fenômenos anormais. Como Yaguello (1997: 147) diz, "não existe nenhuma língua que não autorize as figuras". E se as línguas autorizam a figura, obviamente ela não é um fenômeno anormal nem algo proibido.

Também é importante notar que não procede a ideia segundo a qual os tropos são características da linguagem poética e publicitária, o que implica que eles ocorrem com muito mais frequência em textos literários, canções e anúncios. Realmente, canções, poemas e anúncios têm uma presença marcante de figuras de linguagem, como, por exemplo:

> e) O amor é fogo que arde sem se ver, é ferida que dói e não se sente (Camões).
> f) Olhos negros, cruéis, tentadores, das multidões se encantou (Moraes Moreira).
> g) Sol de primavera abre a janela do meu peito (Beto Guedes).
> h) Vem pra Caixa você também (anúncio).
> i) Pelo menos a Brahma não precisa pôr na geladeira (anúncio).
> j) Dê um Oi de presente (anúncio).

Entretanto, as figuras semânticas são, sim, fenômenos comuns e fazem parte do dia a dia linguístico das pessoas e não se limitam a textos poéticos e canções. Esse é um ponto importante para se desfazer o estigma de anormalidade que foi criado em torno das figuras semânticas. Yaguello (1997: 152) lembra, muito apropriadamente, que "o termo *figura* não nos deve fazer pensar exclusivamente em 'estilo', 'retórica', 'discurso literário', 'linguagem floreada'. As figuras existem em todos os registros (incluindo os mais utilitários), em todos os estilos. Esse é, aliás, um dos principais modos de formação da gíria". Ora, que usuário do português brasileiro nunca ouviu alguém proferir sentenças parecidas com as apresentadas abaixo?

> k) A defesa da seleção brasileira é um buraco.
> l) A defesa da seleção brasileira é uma muralha.
> m) Josenilda, aquele aluno é uma porta.
> n) A barriga de Tio Arlindo é um tanque de lavar roupa.
> o) Vivi, seu carro tá pedindo para tomar banho. Na moral.
> p) O Fluminense joga na Boa Terra neste fim de semana.
> q) Mailane, cê quer ler Camões?
> r) Luciana foi à farmácia comprar aspirina.
> s) Preciso ir ao dentista.
> t) Eu vou ao Dr. Nilton Leite.

Acho que todos já ouviram ou já falaram algo parecido. Yaguello (1997: 148) lembra que a metonímia efetua uma elipse no eixo sintagmático, "de tal maneira que uma palavra representa um grupo de palavras". Assim, se Dinho profere a sentença (s) "Preciso ir ao dentista" ou (t) "Eu vou ao Dr. Nilton Leite", ele está omitindo as palavras *consultório* e *de* em sua fala. Afinal, *dentista* e *Dr. Nilton Leite* não são, obviamente, lugares. Percebe-se aí, claramente, a ação realizada no eixo sintagmático pela metonímia.

Vejamos agora a metáfora. Vale lembrar que ela permite construções antônimas. A sentença (k), por exemplo, traz elementos distintos, *defesa da seleção brasileira* e *buraco*, que se aproximam pela semelhança de um elemento de significado: a permissão da passagem. Daí a possibilidade de se pensar na sentença (l) como oposta a (k): a semelhança semântica entre *muralha* e *defesa da seleção brasileira*, que é exatamente a intransponibilidade.

Observe-se que *muralha* e *buraco* não são antônimos, o que prova que a oposição semântica entre (k) e (l) não reside exclusivamente dentro dos limites semânticos dessas duas palavras. Isso nos leva a uma reflexão: será a metáfora um fenômeno semântico limitado ao nível lexical? Para Nilce Martins (2000: 90-91), "é praticamente impossível delimitar o valor expressivo das figuras à palavra; mesmo que, em certas metáforas, a expressividade se concentre em determinada palavra, ela só é apreendida pela relação sintático-semântica dessa palavra com outras. Aliás, muito tem sido discutida a consideração da metáfora como figura de palavra ou do enunciado".

Vejamos um esclarecimento de Eco (2000: 80) a respeito da questão semântica por trás das metáforas para chegarmos a uma conclusão a respeito da pergunta levantada no parágrafo acima:

> Temos uma metáfora quando substituímos um metaforizado por um metaforizante com base em um ou mais traços semânticos comuns a dois termos linguísticos: mas se *Aquiles é um leão* porque ambos são corajosos e ferozes, seríamos, no entanto, levados a recusar a metáfora *Aquiles é um ganso*, caso a quiséssemos justificar com base no princípio de que ambos têm em comum o traço de serem animais bípedes. Aquiles e o leão são corajosos como poucos, ao passo que Aquiles e o ganso são animais bípedes como os há em excesso. Uma semelhança ou uma analogia, qualquer que seja o estatuto epistemológico que tenham, só serão relevantes se excepcionais. Encontrar

uma analogia entre Aquiles e um relógio com base no fato de que ambos são objetos físicos não é interessante.

As palavras de Eco são reveladoras. Observe-se que ele ressalta as semelhanças semânticas entre os termos ao invés de falar de desvios ou de deslizes. O desvio existe do ponto de vista global do significado de cada um dos termos: Aquiles é humano e um leão não é humano, o que implica que Aquiles não é um leão. Se eu digo que "Aquiles é um leão", estou transferindo, desviando, um traço semântico do significado de *leão* para o significado de *Aquiles*. Só que esse é um desvio autorizado e normal. A comparação metaforizante, permitida pela língua, surge a partir das semelhanças virtuais, e muitas vezes sutis, entre os termos comparados, cujos significados são diferentes em sua totalidade.

Percebe-se que a metáfora envolve dois termos lexicais. Sendo assim, podemos afirmar que a metáfora é um fenômeno semântico que envolve duas palavras (ou dois sintagmas nominais). Dito de outra forma, a metáfora é uma figura que envolve duas palavras em um mesmo enunciado e não uma palavra em um mesmo enunciado.

Segundo a visão tradicional acerca da interpretação da metáfora, o ouvinte, ou o leitor, parte dos significados literais dos termos comparados para entender a comparação feita. Eco (2000: 115) lembra que é

> [...] na presunção de que um significado literal seja identificável que se baseiam Beardsley (1958), Hesse (1966), Levin (1977), Searle (1980) e outros quando sugerem que, para interpretar metaforicamente um enunciado, o destinatário deve reconhecer sua absurdidade: se ele fosse entendido no sentido literal, teríamos um caso de anomalia semântica (*a rosa desmaia*), uma autocontradição (*a fera humana*) ou uma violação da norma pragmática da qualidade e, portanto, uma asserção falsa (*este homem é uma fera*).

A respeito da interpretação das metáforas, Yaguello (1997: 149) tem uma posição semelhante à de Eco: "Para que haja um efeito de figura, é necessário que os locutores tenham consciência de que esse efeito é desviante e apreciem a sua *intenção*, poética ou lúdica. É então que se dá a busca de sentido". Yaguello acredita que a anomalia semântica é decodificada em dois tempos: primeiro, ocorre a percepção da anomalia, constatando-se "uma incompatibilidade no eixo sintagmático (relações de contiguidade), e, portanto, de uma violação das regras de seleção"; segundo, "explora-se o eixo paradigmático (relação de semelhança), de modo a descobrir um substituto aceitável". Por exemplo, ao ouvir a sentença "Aquiles é um leão", um falante-ouvinte do português percebe o desvio semântico na incompatibilidade sintagmática por se saber que Aquiles não é um leão e busca um substituto para "um leão": *feroz, forte, valente* e *temido* são candidatos para essa substituição.

Colocada em termos saussureanos, a metáfora é um fenômeno que se encontra no âmbito da língua ou da fala? Para alguns teóricos, como L. Jonathan Cohen (1999: 58), "o problema fundamental a respeito da metáfora é um problema para nossa teoria da *língua*, não para nossa teoria da *fala*"[38]. Outros, como Jerrold Sadock (1999: 57), acham que a metáfora se encontra no âmbito da fala: "[...] a linguagem figurada em geral, e a metáfora em particular, não são especificamente um problema linguístico"[39]. Fica implícita aí a posição pragmática segundo a qual a metáfora está vinculada ao falante-ouvinte, ao seu contexto e ao seu conhecimento enciclopédico. Searle ([1979], 1999: 83-84) também compartilha essa visão pragmática e considera o significado metafórico como sendo sempre o significado do enunciado do falante: "o problema da explicação de como as metáforas funcionam é um caso especial do problema geral de se explicar como se distingue o significado do falante do significado sentencial e lexical"[40].

Não há um consenso, o que é saudável do ponto de vista dos estudos teóricos. Visões diferentes não necessariamente significam que uma esteja errada. Ao contrário, elas podem contribuir para a construção do conhecimento, complementando-se. Observe-se o caso de um enunciado como "Zé é uma lesma". Como os brasileiros sabem o que é uma lesma, fica fácil entender o significado que o locutor fictício quer veicular com a construção metafórica desse enunciado. Mas, como fazer para separar o conhecimento linguístico do conhecimento enciclopédico, que está vinculado ao indivíduo? Um ouvinte entende o significado desse enunciado porque sabe o significado de *lesma*, porque conhece as características de uma lesma ou porque sabe as duas coisas? O que sinaliza para o ouvinte que o falante está querendo veicular um significado diferente do significado literal das palavras contidas em seu enunciado? Talvez seja exatamente isso: os significados literais. Será a partir dessa sinalização e dos elementos contextuais que o ouvinte procederá à interpretação da expressão metafórica.

A metáfora foi, durante muito tempo, abordada exclusivamente como um fenômeno da linguagem. Entretanto, os adeptos da semântica cognitiva veem a metáfora como um fenômeno cognitivo que provoca efeitos na linguagem.

Dois dos mais comentados desses adeptos, Lakoff e Johnson (1980: 3), afirmam que "a metáfora é tipicamente vista como característica apenas da linguagem, uma questão de palavras ao invés de pensamento ou ação"[41]. Todavia, para eles, "a metáfora permeia a nossa vida diária, não apenas na linguagem, mas também no pensamento e na ação. Nosso sistema conceitual comum, em termos do qual nós pensamos e agimos, é de natureza fundamentalmente metafórica"[42]. Eles especulam o seguinte: "se estivermos certos ao sugerir que o nosso sistema conceitual é em grande parte metafórico, o modo que pensamos, o que nós vivenciamos e o que nós fazemos diariamente é uma questão de metáfora"[43]. Assim, propõem a existência de algo em nossa mente, as **metáforas conceituais**, que influencia nossos atos linguísticos, nossos pensamentos e nossas ações.

O exemplo mais famoso e mais citado de metáfora conceitual é DISCUSSÃO É GUERRA, tradução do inglês ARGUMENT IS WAR (LAKOFF & JOHNSON, 1987). Para Lakoff e Johnson, essa metáfora mostra a forma como as pessoas de culturas ocidentais veem o ato de discutir, semelhantemente à forma como veem a guerra: um argumento é forte ou fraco; uma pessoa perde ou ganha uma discussão; uma posição é indefensável; ataca-se ou defende-se uma ideia; derruba-se um argumento; usa-se uma estratégia; etc. Outro exemplo é o AMOR É UMA VIAGEM, tradução do inglês LOVE IS A JOURNEY (LAKOFF, 1999): os amantes correspondem aos viajantes; a relação amorosa corresponde ao veículo; os objetivos comuns dos amantes correspondem ao destino da viagem.

O trabalho de Lakoff e Johnson é interessante não apenas por analisar várias metáforas, mas principalmente por popularizar uma abordagem diferente, a qual fora iniciada por Michael Reddy com a publicação de seu artigo "The conduit metaphor: a case of frame conflict in our language about language". Entretanto, esse trabalho deixa algumas questões não resolvidas. Uma delas é colocada por R.W. Gibbs (apud GEIM, 2002: 30): "Como podemos determinar em que medida a linguagem que as pessoas usam reflete algo sobre a maneira pela qual elas possivelmente pensam metaforicamente?" É por isso que Samuel Levin (1999: 120) afirma que o argumento de Lakoff e Johnson é de natureza metafísica. Aliás, por falar em metafísica, vale lembrar uma crítica que Levin faz a esses dois teóricos: eles falam de expressões que já estão convencionalmente fixadas na língua como sendo ainda metáforas vivas, o que para outros teóricos são metáforas mortas. Levin acha isso um paradoxo, ou até mesmo uma inconsistência no pensamento de Lakoff e Johnson.

A posição teórica desses autores sobre a metáfora conceitual é interessante e polêmica, né? Afinal, como buscar evidências para responder a pergunta de Gibbs e rebater a crítica de Levin? E como rebater a ideia sustentada por Lakoff e Johnson de que nosso sistema cognitivo é fundamentalmente metafórico?

Entretanto, é importante deixarmos claro que a metáfora conceitual é um conceito teórico criado por esses dois autores para tratarem de uma questão cognitiva. Isso é uma coisa. Outra coisa é o conceito estritamente linguístico de metáfora, fenômeno semântico que também abordamos aqui.

Bem, neste capítulo, vimos que as ciências cognitivas influenciaram teóricos numa reação contra a ideia de autonomia da semântica em relação à sintaxe, culminando com o surgimento da semântica cognitiva. Houve reações por parte de outros teóricos que não foram influenciados pelas ciências cognitivas, mas pela abordagem pragmática. No próximo capítulo veremos como a semântica e a pragmática se relacionam.

6
Semântica e pragmática

No começo da década de 1960, já era evidente que muitos estudiosos da linguagem estavam descontentes com as abstrações teóricas realizadas pelo estruturalismo saussureano e pelo gerativismo, mais especificamente com o fato de o sujeito, a variação linguística, o uso e o contexto extralinguístico terem sido excluídos dos estudos linguísticos. Promoveu-se, assim, o retorno desses excluídos, movimento chamado por alguns de **virada pragmática**. A semântica não ficaria imune a essa virada.

Para contextualizarmos a influência da pragmática nos estudos semânticos, é necessário visitarmos algumas críticas feitas a Saussure. É verdade que suas ideias tiveram uma repercussão muito grande entre os linguistas, a ponto de fazer com que uma boa parte do século XX fosse dominada pelo pensamento estruturalista. No entanto, elas estavam longe de serem vistas de forma pacífica e unânime: as dicotomias propostas por ele receberam muitas críticas por parte de sociolinguistas, como William Labov, e de teóricos desconstrutivistas, inspirados nas ideias de Jacques Derrida.

Uma dessas críticas, e talvez a mais importante, diz respeito à posição do indivíduo diante da dicotomia língua/fala. Ao eleger a língua como o objeto da linguística, pelo fato de ela independer da vontade individual, Saussure excluiu o indivíduo, o sujeito, da análise linguística, negando a heterogeneidade inerente à fala. Maria Paula Frota (2000: 37), baseando sua análise em pressupostos psicanalíticos, também critica a negação do sujeito e, consequentemente, a negação de diferenças que Saussure realizou na linguística estruturalista ao excluir, "se não a diversidade entre as línguas, os fatos da linguagem relacionados ao falante, heteróclitos, e ao eleger a língua, homogênea, como seu objeto". Aliás, a busca pela homogeneidade linguística levou, curiosamente, ao que Labov chamou de paradoxo saussureano, como lembra José Lemos Monteiro (2000: 14):

> [...] se todos os falantes possuem um conhecimento da língua (*langue*), desde que esta é um sistema que existe virtualmente em cada cérebro, seria possível obter os dados para a descrição a partir do testemunho de um único falante. E, de maneira oposta, os dados para se estudar o discurso (*parole*) só poderiam ser obtidos mediante o exame do comportamento dos indivíduos no uso da linguagem, ou seja, num contexto social. Este é, pois, um famoso *paradoxo saussureano*: partindo-se de um único indivíduo, seria possível analisar-se o lado social da linguagem, mas somente pela interação de duas ou mais pessoas se poderia estudar o aspecto individual.

Essas críticas a respeito do corte metodológico realizado por Saussure são procedentes. Afinal, como conceber a língua sem levar em consideração a variação imposta pelo conjunto de individualidades que formam uma comunidade linguística? A heterogeneidade linguística é um fato e é a razão da existência da sociolinguística e da sociologia da linguagem, por exemplo.

A causa de toda as críticas a Saussure foi o fato de ele descartar de forma categórica algo que é tão óbvio e igualmente inegável: o papel do indivíduo no uso da linguagem, o qual é o responsável direto pela heterogeneidade linguística. Mesmo admitindo o papel do sujeito no ato linguístico ao afirmar que a fala é submissa ao falante, Saussure separou o indivíduo da língua, recebida de forma passiva por ser um fato social exterior ao indivíduo, na visão do mestre suíço.

A dicotomia sincronia/diacronia também é alvo de críticas. Frota (2000: 47) ressalta que Saussure minimiza a importância dos acontecimentos históricos para a linguística, o que reforça ainda mais a homogeneização do objeto da linguística: "Se já tínhamos excluída a heterogeneidade (social) sincrônica, temos agora excluída a heterogeneidade (histórica) diacrônica". Frota (2000: 48) lembra ainda o que Saussure entende por história ou diacronia: "[...] uma sucessão, no tempo, de determinados fenômenos, estes definidos como fenômenos linguísticos internos". Dessa forma, "a noção saussureana de língua, ao eliminar tudo o que lhe é estranho, tudo aquilo que designa pelo termo de 'linguística externa', elimina as relações existentes entre a língua e a história política [...]".

A leitura de Frota está correta. Saussure realmente expurga de sua análise os fenômenos sociais, históricos e políticos, e se mantém apenas no nível da linguística interna. Afinal, se a língua é um fato social, como negar a influência desses fenômenos? A abstração temporal saussureana, lembra Dante Lucchesi (1998: 45), transforma a língua em um objeto imobilizado, sem qualquer dinâmica:

> Para dissociar a língua do seu existir concreto é preciso separá-la também da sua história, ignorando o processo ininterrupto de transformações que é inerente à sua constituição. A língua saussureana é, assim, um objeto sincrônico. A *Linguística Sincrônica*, que se ocupa de um *estado de língua*, resulta de uma abstração através da qual a língua é imobilizada fora do devir temporal. O modelo estruturalista se apoia crucialmente nessa abstração. A concepção estrutural transforma a língua real, essencialmente dinâmica, em um objeto ideal, a língua estática (donde a definição Linguística Estática, de Saussure), e o faz à maneira da Medusa mitológica, que, através de seu olhar fulminante, transformava os homens em estátuas de pedra.

Para construir o objeto teórico que buscava, Saussure realizou exclusões violentas – o sujeito, o uso linguístico, a história, a heterogeneidade. Talvez ele devesse ter vivido mais para promover o retorno dos excluídos e, assim, decidir como adequar suas ideias à presença desses elementos dentro de seu objeto teórico. Não viveu. Mas deixou muito material sobre o qual se debruçar para pensar e criticar ou adotar.

Dessa forma, muitos teóricos, pelas razões expostas nas críticas comentadas até aqui, promoveram a inclusão dos excluídos: o sujeito, sua história, sua fala. E se o sujeito é incluído na análise linguística, o uso da língua passa a entrar no escopo dos estudos sobre a linguagem.

Associar o uso e o usuário da língua à análise da língua parece algo óbvio, não é? Entretanto, vale ressaltar que, apesar de isso nos parecer óbvio, nem todos os teóricos vão concordar com isso, como é o caso, por exemplo, dos adeptos da semântica interpretativa e do estruturalismo saussureano. Algo só é óbvio para as pessoas que compartilham a mesma forma de ver o mundo, a mesma crença, seja ela religiosa, política ou científica.

Como lembra Borges Neto (2004a: 20), "a realidade não diz como é que quer ser abordada e toda abordagem que se puder propor vai sempre parecer parcial e arbitrária". O autor acrescenta que, ao se abordar a realidade, é necessário abstrair:

"É preciso escolher alguns aspectos do objeto, que vão ser considerados importantes, e ignorar o resto". Isso é inevitável na construção do conhecimento científico. Por exemplo, os gerativistas continuam adotando o recorte teórico que exclui o uso linguístico de sua pesquisa, o que implica a exclusão da variação linguística e de fenômenos semânticos como a metáfora.

Um dos primeiros a discutir a relação entre significado e uso linguístico foi o filósofo austríaco Ludwig Wittgenstein, crítico dos teóricos que insistiam em estudar o significado das palavras ao invés de estudarem o uso das palavras na linguagem. Sua obra mais importante para a discussão acerca do significado é *Investigações filosóficas*. Para Wittgenstein (1999: 43), "pode-se, para uma *grande* classe de casos de utilização da palavra significação – se não para *todos* os casos de sua utilização –, explicá-la assim: a significação de uma palavra é seu uso na linguagem". Essa afirmação seduziu muitas pessoas na segunda metade do século XX.

Entretanto, o filósofo austríaco não explica como é que se faz para determinar o significado de uma palavra com base no pressuposto de que a significação da palavra é uso que é feito dela. Afinal, como uma pessoa pode usar uma palavra se ela não souber seu significado? É exatamente a impossibilidade de se usar uma palavra sem se saber antecipadamente qual o seu significado que levou Michel Lahud (1979) a chamar a atenção para a anterioridade lógica da significação: ela antecede a referência e a denotação. Keith Lehrer (1970: 6) faz uma crítica importante a essa ideia de que o significado de uma palavra é o uso que se faz dela:

> Como John R. Searle argumenta, esta solução está errada. Se eu gritar "O café está pronto!" para acordar alguém, então o uso das palavras é acordar alguém. Mas não é parte do significado das palavras o fato de que elas são usadas para isso. [...] Até usos mais convencionais de palavras expressando, por exemplo, "O carro é vermelho", para dizer a alguém a cor do carro, não constituem o significado dessas palavras. Pelo fato de as palavras terem os significados que elas têm, eu posso usá-las para dizer a alguém a cor do carro. O significado delas é essencial para o uso que faço delas. Mas, dizer que o meu uso dessas palavras é parte do seu significado é um erro, como é erro dizer que o machado que uso para cortar árvores não é nada mais do que os usos que se fazem dele. Esta afirmativa, é claro, é absurda, pois nós podemos ver que, apesar de o machado ser essencial para o ato de cortar, o machado é uma coisa e o uso que se faz dele, outra. Similarmente, o significado das palavras é essencial para alguns

usos das palavras, mas o significado das palavras é uma coisa e seu uso é outra coisa[44].

Retornando ao texto de Wittgenstein, encontramos um tópico que talvez nos ajude a entender seu pensamento acerca da relação entre significado das palavras e os usos que se fazem delas. Ele propõe aquilo que chama de **jogos da linguagem**: ao usarem a língua, os falantes-ouvintes jogam jogos com ela. Por exemplo, podemos usar a língua para dar ordens e para fazer pedidos. Embora Wittgenstein não tenha estabelecido as regras para os jogos da linguagem, percebe-se que esses jogos são, em última análise, aquilo que John Austin e John Searle chamaram de **atos de fala**, que iremos abordar mais adiante.

Explica-se: para Austin, quando uma pessoa diz algo a uma outra pessoa, ela está realizando um ato com a linguagem, como ordenar, pedir, ameaçar. Daí o termo *ato de fala*, pois falar é agir, é realizar uma ação. Por exemplo, quando uma pessoa quer saber que horas são e diz a um colega "Você tem relógio?", ela não quer saber se o colega possui um relógio ou não. Ela está perguntando a respeito das horas. Nesse caso, seguindo a posição de Wittgenstein, o conjunto de palavras "Você tem relógio?" significa um pedido para que o interlocutor diga o horário. Trataremos dos atos de fala mais adiante.

Ora, as ideias de Wittgenstein implicam uma questão interessante. É notória a falta de correspondência unívoca entre formas linguísticas (palavra, locução ou sentença) e jogos da linguagem (atos de fala). Assim, seguindo o raciocínio wittgensteiniano, é possível usar a mesma palavra, a mesma locução ou a mesma sentença para expressar significados diferentes, para jogar diferentes jogos da linguagem. Por exemplo, eu posso usar a expressão "Você tem relógio?" para recriminar alguém pelo seu atraso, para dizer que está muito cedo e que não é necessário se apressar ou para saber se alguém tem um relógio. Como, para Wittgenstein, o significado da palavra é o uso que se faz dela, só é possível falar de significado da palavra estando essa palavra em um contexto de uso.

Entretanto, já que Wittgenstein não estabeleceu regras para os jogos, alguém pode perguntar se se pode usar a expressão "Você tem relógio?" para significar qualquer coisa, para jogar qualquer jogo da linguagem. Afinal, se a palavra realmente não tem significado antes de ser usada, ela pode adquirir qualquer significação na hora em que é usada. Contudo, não precisamos quebrar a cabeça para percebermos que é óbvio que isso não acontece. E por que não? Porque o uso de uma palavra pressupõe seu significado lexical literal, ao contrário do que a posição wittgensteiniana defende.

Dito de outra maneira: para o filósofo austríaco, não há uma anterioridade lógica da significação da palavra em relação ao uso que se faz dela. A palavra não possui significado literal, uma posição teórica que tem implicações importantes para os estudos do significado. É por causa dessa posição de Wittgenstein que Eco (2001e: 26) considera a obra *Investigações filosóficas* "a tentativa mais rigorosa (e fecunda de sugestões) para liquidar com toda e qualquer disciplina formalizada do significado".

De qualquer forma, mesmo não tendo elaborado nenhuma teoria do uso das palavras e tendo negado a importância de se estudar o significado das palavras, Wittgenstein acabou por contribuir muito para a discussão acerca da relação entre o uso que se faz das palavras na linguagem e os processos de comunicação.

Quando se inclui o falante-ouvinte e o uso na análise linguística, percebemos as limitações que a abordagem da semântica estrutural e a abordagem da semântica formal impõem à análise dos fenômenos do significado. Da Silva (1999: 2) comenta que uma das dificuldades da semântica estrutural é o fato de ela conceber a "estrutura semântico-lexical como linguisticamente intrínseca e autônoma e da consequente dicotomia entre informação 'semântica' (essencial e linguística) e informação 'enciclopédica' (dispensável e extralinguística) dos itens lexicais".

Ora, os elementos linguísticos e os elementos extralinguísticos são essenciais para a produção de sentido. Afinal, as pessoas usam a língua com propósitos diversos, como expressar sentimentos, dar ordens e fazer perguntas, funções comunicativas que independem das condições de verdade das sentenças usadas para esses propósitos e que vão além da estrutura da língua. Daí a afirmação de Mey (1994: 57) segundo a qual a "comunicação não é uma questão de lógica ou de verdade, mas de cooperação; não do que eu digo, mas do que eu *posso* dizer, dadas as circunstâncias, e do que eu *devo* dizer, dadas as expectativas do meu parceiro". Considerar essa comunhão de elementos linguísticos e extralinguísticos nos estudos semânticos é abordar tais estudos sob a ótica pragmática.

Mey (1994: 42) oferece a seguinte definição de **pragmática**, a qual capta de forma eficaz o que o termo representa nos estudos da linguagem: "o estudo das condições dos usos da linguagem humana da forma como eles são determinados pelo contexto da sociedade"⁴⁵. Falar de usos da linguagem humana e de contexto significa falar dos seguintes elementos: o que está sendo usado, i.e., os enunciados; quem os está usando e com quem; quando e onde os enunciados são usados pelos falantes e ouvintes (ou escritores e leitores).

Percebe-se a importância do contexto em que o evento linguístico ocorre. Mey (1994: 38) lembra que a diferença entre o ponto de vista gramatical e o ponto de vista pragmático, i.e., o ponto de vista relacionado ao usuário da língua, é exatamente o contexto, e faz um alerta importante a respeito da maneira como entendemos o termo *contexto*:

> [...] contexto é um conceito dinâmico, não estático: ele deve ser entendido como os arredores, no sentido mais amplo, que possibilitam aos participantes do processo comunicativo interagirem e que tornam as expressões linguísticas da sua interação inteligível⁴⁶.

Entender o contexto como sendo os arredores do evento comunicativo em seu sentido mais amplo significa entender o contexto como o conjunto de elementos extralinguísticos que vão contribuir para a atribuição de significado às expressões linguísticas. Que elementos seriam esses? São os próprios participantes do processo comunicativo e a relação social que existe entre eles, as circunstâncias espaciais e temporais em que o processo ocorre, os conhecimentos compartilhados pelos participantes, e os objetivos de cada participante no processo comunicativo.

Permita-me, leitora e leitor, relatar um episódio que aconteceu comigo para ilustrar a importância do contexto para a veiculação de significados. No começo de junho de 2005 estava em companhia de um empresário, que dirigia seu carro para o Bar Piauí, em Salvador. Antes de chegarmos ao bar, enfrentamos um congestionamento de quase meia hora na Avenida Paulo VI, no bairro da Pituba, onde fica localizado o bar. Não descobrimos a causa do congestionamento. Durante o tempo em que nos movimentávamos lentamente no trânsito, o empresário, por meio de seu telefone celular, deu as coordenadas à sua esposa acerca da localização do bar. Ela nos encontraria lá. Ela chegou depois de nós e disse ao marido que demorou um pouco para encontrar o bar porque "Tava esperando o PT passar". Imediatamente, perguntei: "Então, foi o PT que estava fazendo manifestação e causou o engarrafamento?" Minha pergunta decorria do fato de, naquela época, várias denúncias de corrupção envolvendo membros do Partido dos Trabalhadores terem vindo à tona no caso do mensalão, causando reações em vários segmentos da sociedade. Ela olhou para mim com um ar de quem não estava entendendo nada do que eu estava dizendo e respondeu: "Não. Né isso, não. Tou falando do PT Cruiser. É que eu pensei que ele tinha vindo no PT e não na Mercedes. Eu tava aqui perto e fiquei olhando para ver se o PT passava". Como ela não sabia exatamente onde era o bar, ela ficou observando os carros que passavam na tentativa de localizar o PT e segui-lo, pois este não era um carro muito comum em Salvador naquela época. E como eu estava completamente fora do contexto automobilístico daquele casal, utilizei outros elementos do contexto social do país que me estavam disponíveis naquele momento e interpretei *PT* de maneira equivocada. Na verdade, faltaram-me elementos contextuais para interpretar aquele enunciado da forma correta.

Esse episódio revela um fenômeno semântico muito comentado em manuais de linguística: a **ambiguidade**. Entretanto, precisamos, desde já, deixar as coisas bem claras aqui: a ambiguidade é um fenômeno de mão única. Quero dizer com isso que nunca há ambiguidade para quem profere um enunciado ou escreve um texto. A ambiguidade pode existir apenas para o ouvinte ou para o leitor. Obviamente, ela pode ser provocada inconscientemente, como ocorre com estudantes desatentos, ou propositadamente, como acontece com agentes publicitários e jornalistas, que adoram frases ambíguas. É por isso que Mey (1994) afirma que a ambiguidade existe apenas no abstrato.

A ambiguidade é a possibilidade de se atribuir mais de um significado a uma palavra ou a uma sentença. Essa definição torna desnecessário se enfatizar a possibilidade de a ambiguidade contribuir para o surgimento de problemas de comunicação. Mas, repito, esse fenômeno é de mão única. Por isso, prefiro pensar na ambiguidade mais como um fenômeno potencial do que concreto, já que a desambiguização é feita a partir do contexto ou da negociação de sentidos estabelecida entre os participantes de um discurso.

A polissemia é um dos fatores que podem causar ambiguidade, que, nesse caso, pode ser chamada de **ambiguidade lexical**. Imagine-se o diálogo a seguir entre Luciana e Viviane, duas funcionárias naturalistas que trabalham em um escritório de auditoria, sobre um outro funcionário, amigo delas e chamado Rajneesh, também naturalista, que não consegue se livrar do vício de beber Coca-Cola®. O diálogo é ouvido, sem que elas saibam, pelo chefe:

– Vivi, Rajneesh ligou. Disse que não vem trabalhar hoje porque não está se sentindo bem.
– É mesmo? O que é que ele tem?
– Ô, Fia. Muita <u>coca</u> no aniversário ontem.
– Mentira, Lu!
– Sério. Na moral!
– Que cara louco! Quantas vezes a gente já disse pra ele parar com isso? Coca é péssimo pro organismo.
– Deixa lá. Um dia ele aprende. Vou nessa. Tenho que terminar isso aqui.
– Falou. Vá lá.

Bem, a ambiguidade da palavra *coca* pode colocar Rajneesh em uma situação difícil e, provavelmente, ele teria que se explicar para o chefe. (Será que o chefe acreditaria na explicação de Rajneesh?) Entretanto, só poderá ocorrer ambiguidade para o chefe, menos para Luciana e para Viviane, que sabem exatamente do que estão falando.

Vejamos outros exemplos onde pode haver ambiguidade causada por palavras polissêmicas. Vale lembrar que para que a ambiguidade ocorra, é preciso considerarmos essas sentenças isoladas, sem um contexto discursivo. A validade da análise feita aqui é exatamente perceber como as palavras podem ter significados distintos, o que as tornam alvo da exploração de publicitários e de jornalistas para chamar a atenção de seus públicos-alvo.

E aqui, antes de analisarmos as sentenças ilustrativas, gostaria de relatar um breve episódio. Há algum tempo, eu estava viajando de Salvador para Feira de Santana quando, de longe, vi a seguinte sentença em um *outdoor*: "Preserve o macaco". Automaticamente pensei na questão do perigo de extinção dos nossos supostos parentes (segundo a teoria darwiniana). Entretanto, ao me aproximar do *outdoor*, vi em seu canto inferior o nome de uma empresa de pneus. Imediatamente pensei na questão da polissemia e da ambiguidade como instrumentos usados por publicitários. Bem, vamos às sentenças ilustrativas:

> a) Ronaldinho está no banco.
> b) Agílson estava na companhia de Railton ontem.
> c) Seu Maluf, tem laranja na sua empresa?
> d) Os macacos mataram Lampião, Aninha.
> e) Eddie, jogue a toalha!
> f) A vaca está aqui.
> g) Você viu aquela piranha?
> h) O jegue do meu vizinho morreu.

Em (a), quatro interpretações são possíveis. Se Ronaldinho for o famoso jogador de futebol, então *banco* é para ser interpretado como banco de reservas e, provavelmente, Ronaldinho está gordo ou está prestes a se casar ou está prestes a se separar, o que atrapalha seu rendimento. Se Ronaldinho for o rapaz que trabalha como *office-boy* no curso de inglês UEC, em Salvador, então *banco* é mais naturalmente interpretado como uma instituição financeira. Se Ronaldinho for um menino que foi ao parque com a mãe, que pergunta à sua amiga onde Ronaldinho está, *banco* pode ser interpretado como um tipo de assento. Se Ronaldinho for um jovem que está em um rio de correntezas fortes praticando *rafting*, se seu bote vira, se seus amigos perguntam onde ele está e se alguém responde proferindo a sentença (a), então *banco* se refere a um banco de areia.

Em (b), *companhia* é interpretável de duas formas distintas. Ou Agílson estava na empresa de Railton ou ele estava reunido (ou passeando de barco, ou tomando uma no barzinho) com Railton ontem. Novamente, o contexto vai determinar qual das interpretações é apropriada.

Em (c), alguém pergunta a Seu Maluf se na sua empresa há laranja, um tipo de fruta cítrica, ou se há alguém que atua como agente intermediário que realiza transações financeiras irregulares para que Seu Maluf não apareça nessas transações. Neste caso, o interlocutor de Seu Maluf é alguém interessado em fazer alguma maracutaia ou um policial federal o interrogando. Note-se que *laranja* também é uma cor. A esse respeito, vale notar as palavras de Lehrer (1974: 10), que lembra que o problema suscitado pela questão da polissemia deixa de existir quando se aborda o significado pelo ângulo dos campos lexicais: "Nas teorias do campo, o problema de distinguir entre homonímia e polissemia é evitado porque as palavras que pertencem a campos lexicais diferentes serão tratadas como palavras diferentes. *Laranja*, 'uma cor', pertence ao campo das cores e *laranja*, 'uma fruta', pertence ao campo das comidas".[47]

A quarta sentença também apresenta duas possíveis interpretações. Uma é a literal: primatas, mamíferos parecidos com os humanos, num ato de selvageria ou de defesa de território, mataram o coitado de um homem chamado Lampião ou um animal de estimação chamado Lampião. Quem sabe? Porém, se Dona Berna conta para a sua neta, Aninha, histórias que ouviu sobre o famoso cangaceiro *Lampião*, quando ela morava no sertão baiano, a outra interpretação possível, metafórica e conhecida pelos historiadores, aponta um significado de *macacos* que se aplica aos soldados que mataram Lampião no interior de Sergipe em 28 de julho de 1938.

A quinta sentença representa um caso curioso porque não é exatamente um problema causado por polissemia. Vejamos, inicialmente, quais as interpretações possíveis. A palavra *toalha* pode ser entendida literalmente como sendo uma peça de tecido usada para enxugar uma parte molhada do corpo. Nesse caso, uma pessoa estaria pedindo a Eddie para que ele jogasse esse objeto para ela. A interpretação de *jogue a toalha* é feita palavra por palavra, composicionalmente. Uma outra interpretação é feita no contexto das lutas de boxe: o ato de jogar uma toalha significa desistir da luta. Eddie, treinador, ao lado do ringue, ouviria essa sentença de seu assistente, pois seu lutador estaria sendo massacrado pelo adversário. A generalização desse significado para os atos em que as pessoas, em qualquer contexto, desistem de algo, i.e., jogam a toalha, foi um pulo. Observe-se que *jogar a toalha* é uma expressão idiomática, que não se limita ao verbo *jogar* ou ao substantivo *toalha* apenas. É por isso que comentei que esse é um caso curioso. Afinal, *jogar a toalha*, significando "desistir", é uma expressão idiomática. Portanto, não se constitui um caso de ambiguidade lexical, embora pareça à primeira vista.

A sentença (f) pode ser colocada na boca de um vaqueiro que avisa ao fazendeiro que um animal bovino fêmea chegou ao local onde a conversa ocorre. Entretanto, se o contexto é uma conversa entre duas amigas, Josenilda e Vanessa, que falam mal de uma amiga em comum, Mailane, em um bar, *vaca* passa a ser usada para, pejorativamente, se referir a uma mulher. (Que amigas, hein?)

Aliás, numa sociedade machista como a brasileira, a língua portuguesa oferece muitas palavras que se aplicam pejorativamente às mulheres, como *vaca* e *pi-*

ranha. Esta, presente na sétima sentença, permite três interpretações. Se Luciana e Aninha, sua sobrinha, estão em um rio na Amazônia e Luciana se impressiona com a forma de uma piranha e profere a sentença em questão, *piranha* significa uma espécie de peixe. Entretanto, se Luciana está conversando com sua amiga Viviane a respeito de uma conhecida, *piranha* significa "mulher que, sem ser necessariamente meretriz, leva vida licenciosa", usada para se referir pejorativamente a uma mulher em contextos determinados. Se a sentença for proferida por Mailane enquanto passeia pelo centro de Feira de Santana com Luciana diante de camelôs no centro da cidade, *piranha* também pode significar "prendedor de cabelos denteado" (FERREIRA, 1999: 1574).

Finalmente, a sentença (h), que foi oferecida como exemplo por uma aluna, Edna, na UEFS. Essa sentença apresenta uma ambiguidade curiosa: *jegue* se refere ao animal da espécie dos asninos pertencente ao vizinho dela ou ao vizinho dela que não era inteligente? Note-se que se Edna tivesse usado o verbo *faleceu* ao invés de *morreu*, a ambiguidade não existiria, já que *falecer* pede que a posição de sujeito seja preenchida com um substantivo com o traço semântico [+ HUMANO] e então não haveria dúvida de que Edna estaria se referindo ao seu vizinho pouco inteligente que bateu as botas.

Esses exemplos bastam para ilustrar a ambiguidade que palavras polissêmicas podem causar. Entretanto, é importante deixar claro que nenhuma sentença é proferida em isolamento, fora de um contexto. Isso significa que o contexto é um dos elementos de desambiguização de sentido à disposição do falante-ouvinte. Para que eu pudesse pensar nas possíveis interpretações das palavras nas sentenças (a)-(h) anteriores, eu tive que vislumbrar contextos possíveis em que as sentenças seriam proferidas. Contudo, na interação linguística travada entre as pessoas, raramente o contexto não barra a ambiguidade, que é facilmente desfeita quando ocorre.

Recentemente, uma aluna minha, Vanessa, perguntou à irmã, que acabara de chegar do salão de beleza: "Tem quantas pessoas pra fazer a unha?" A irmã respondeu: "Uma". Vanessa desconfiou: "Só?" O problema é que Vanessa estava se referindo a clientes e sua irmã pensou em manicures. Isso porque *fazer a unha* pode ser entendido tanto como o ato passivo sofrido pela cliente ou o ato ativo realizado pela manicure. E o problema foi rapidamente resolvido com a continuação da conversa entre as duas.

Ullmann (1964: 347), analisando a crítica de Aristóteles, para quem a polissemia é um defeito da língua e uma ferramenta que o sofista tem para desorientar seus ouvintes, faz a seguinte afirmação:

> Uma breve reflexão mostrará que, longe de ser um defeito da língua, a polissemia é uma condição essencial da língua, a polissemia é uma condição de eficiência. Se não fosse possível atribuir diversos sentidos a uma palavra, isso corresponderia a uma tremenda sobrecarga em nossa memória: teríamos que possuir termos separados para cada tema concebível sobre o qual quiséssemos falar. A polissemia é um fator inapreciável de economia e flexibilidade da língua; o que é admirável não é que o maquinismo emperre de vez em quando, mas que emperre tão raramente.

E o que é que impede o maquinismo linguístico de emperrar? O contexto. Observe-se que é a falta de contexto que favorece a exploração da ambiguidade lexical no jornalismo. É conhecida a reclamação de personalidades a respeito do uso que jornalistas fazem de seus enunciados: "Essa frase foi dita em um contexto e agora está sendo divulgada fora do seu contexto". O uso de sentenças descontextualizadas em manchetes de jornal favorece a ambiguidade lexical e, assim, instiga o leitor a tentar interpretar o que a manchete quer dizer, levando-o a ler a matéria para confirmar sua interpretação.

Os jornais são fontes interessantes de palavras polissêmicas e de construções sintáticas que favorecem a ambiguidade. Observe-se a ambiguidade lexical presente nas manchetes a seguir, extraídas de edições diferentes do jornal *A Tarde*:

> i) Nonato na mira dos árabes.
> j) Destino do *ferry-boat* sai hoje.

Na manchete (i), a palavra *mira* causa a ambiguidade. Se o leitor tiver conhecimento acerca do futebol baiano do ano de 2003, saberá que *Nonato* se refere a um jogador, então no time do Bahia, e que um time árabe demonstrava interesse nele. Se o leitor não souber nada sobre o futebol daquele ano, provavelmente ele será levado a acreditar na existência de um homem chamado *Nonato*, que, por alguma razão, os árabes estariam tentando atingir de alguma forma.

Na manchete (j), a palavra *destino* pode ser interpretada como "sorte; fortuna" ou como "lugar aonde se dirige alguém ou algo". No primeiro caso, o leitor do jornal imaginaria que a matéria é a respeito do futuro do *ferry-boat*, ou seja, se ele seria leiloado ou se seria controlado por uma nova empresa. No segundo caso, o leitor interpretaria que a matéria discorre sobre o lugar, ou seja, o porto, a cidade ou o ferro-velho, para onde o *ferry-boat* seria enviado.

Yaguello (1997) lembra que a ambiguidade causada por palavras polissêmicas é limitada pelo contexto, confirmando ser o uso do contexto uma importante estratégia de desambiguização e, mais importante, que a ambiguidade é um fenômeno de mão única, potencial, não tão frequente quanto parece. Além dessa, há uma outra estratégia de desambiguização, chamada por Eco (2000) de **isotopia semântica pertinente**, que está relacionada ao contexto, no fim das contas. Isotopia semântica, para Eco, é a proximidade de componentes semânticos de lexemas distintos que se encontram no mesmo contexto linguístico.

Um exemplo ilustra o que é isotopia semântica. Vimos que *banco* é uma palavra polissêmica, o que favorece a ambiguidade. Entretanto, essa palavra não costuma aparecer solta, fora de um contexto, a não ser no dicionário e na enciclopédia. Assim, se Arlindo diz a Nazinha "Vou ao banco tirar um dinheiro. Precisa de alguma coisa?", fica óbvio que *banco* é uma instituição financeira por causa da palavra *dinheiro*, cujo significado faz parte do significado de *banco*. Um outro exemplo pode ser dado com a palavra *laranja*. Se Ivone diz a Divá que "as laranjas estão maduras", o significado da palavra *maduras* limita a interpretação do significado de *laranjas*, que só pode ser interpretado como um tipo de fruta. A não ser que Ivone e Divá sejam agentes secretos e que "as laranjas estão maduras" seja uma senha de identificação em uma determinada missão. (Por que não, né? Quem nunca assistiu 007 ou o Agente 86?)

Todas as palavras polissêmicas podem ser usadas para ilustrar o ponto levantado por Eco. Yaguello (1997: 159) faz um comentário interessante a respeito da potencial ambiguidade das palavras polissêmicas, afirmando que "não podem produzir-se enunciados totalmente ambíguos senão quando todas as palavras da frase são homófonas, podendo pertencer a várias classes sintáticas". Ela usa como exemplo uma frase que, adaptando-se para o português brasileiro, seria "A bela porta a vela", onde *bela* pode ser um adjetivo ou um nome, *porta* pode ser um verbo ou um nome, e *vela* pode ser um verbo ou um nome. Entretanto, Yaguello lembra que "é preciso acordar inspirado para encontrar frases como esta". (Haja inspiração ou muita falta do que fazer!)

Além da polissemia, fenômenos estruturais mais sutis podem causar ambiguidade, que, nesse caso, é chamada de **ambiguidade estrutural**. Observem-se as seguintes sentenças:

> k) A ONU está investigando esquadrões da morte na Bahia.
> l) Aninha não foi à aula porque brigou com Dona Berna.
> m) Meu Tio Arlindo não foi só ao cinema.
> n) Ivone disse a Nazinha que ia ao cinema com sua amiga.
> o) Dinho falou que todas as crianças dormem em um quarto.

A sentença (k) apresenta ambiguidade por causa do sintagma preposicional "na Bahia": ele se aplica a "ONU" ou a "esquadrões da morte"? Se ele se referir a "ONU", basta deslocá-lo para a posição inicial da sentença e a ambiguidade será desfeita, indicando onde a ONU realiza sua investigação: "Na Bahia, a ONU investiga esquadrões da morte". Se o sintagma se referir a "esquadrões da morte", a desambiguização pode ser feita pelo acréscimo de um pronome relativo e um verbo antes do sintagma em questão: "A ONU investiga esquadrões da morte que agem na Bahia".

Aqui se faz necessário comentar a respeito de um conceito importante para a questão da ambiguidade estrutural: **escopo**. Existem palavras e expressões em uma sentença, como "na Bahia" no exemplo anterior, que se aplicam a determinados termos na sentença, ou seja, que têm um determinado escopo na sentença. A possibilidade de uma palavra ou expressão ter mais de um termo na sentença como seu escopo é uma das causas da ambiguidade estrutural.

Assim, em (l), a ambiguidade é causada pelo escopo da partícula negativadora *não*: ela se aplica ao sintagma verbal da oração principal ou se aplica à oração subordinada? No primeiro caso, a interpretação seria, então: Aninha não foi à aula, e isso porque ela brigou com Dona Berna. Uma inversão da oração principal com a subordinada resolveria o problema: "Porque brigou com Dona Berna, Aninha não foi à aula". No segundo caso: Aninha foi à aula, mas a razão de ela ter ido à aula não foi o fato de ela ter brigado com Dona Berna. Neste caso, o uso de uma conjunção adversativa resolveria o problema: "Aninha foi à aula, mas não porque brigou com Dona Berna".

A situação fica um pouco mais complexa em (m). A partícula negativadora e a polissêmica *só* contribuem para a ambiguidade, permitindo três interpretações possíveis. Na primeira, Tio Arlindo foi ao cinema acompanhado. Neste caso, *não* se aplica a *só*, que significa "sozinho". Basta trocar *só* por *sozinho* para expressar esse significado. A segunda interpretação possível é: Tio Arlindo foi a vários lugares, exceto ao cinema. Neste caso, *não* se aplica a "foi só ao cinema" e *só* significa "apenas". Uma possibilidade radical de desambiguização seria uma mudança de palavras e de posições, e.g. "O cinema é o único lugar a que meu Tio Arlindo não foi". A última interpretação é: Tio Arlindo foi a outros lugares, não apenas ao cinema. Neste caso, *não* se aplica a *só*, que significa "apenas". Uma proposta também radical de desambiguização, semelhante à anterior, transformaria a sentença em "Meu Tio Arlindo também foi ao cinema", deixando-se implícito que Tio Arlindo também foi a outros lugares. (Observe-se que (m) também pode ser desambiguizada facilmente na oralidade, com o auxílio da entonação. Experimente.)

Em (n), a ambiguidade é causada pelo escopo do pronome *sua*: a amiga é de Ivone ou de Nazinha? A desambiguização neste caso é muito difícil. Em um contexto oral, o locutor e o interlocutor negociariam o significado da sentença, esclarecendo o escopo. Em um contexto escrito, o autor necessitaria colocar indícios que ajudassem o leitor a determinar o escopo do pronome.

Aqui faz-se necessário comentar a posição de Chierchia (2003: 64) a respeito desse tipo de ambiguidade. Para o teórico italiano, "esse tipo de ambiguidade entre diversos usos do pronome é frequentemente chamado de *ambiguidade semântica*". Pessoalmente, acho o termo *ambiguidade semântica* impróprio porque toda ambiguidade é semântica, já que ambiguidade é um fenômeno semântico. Como é o escopo do pronome dentro da estrutura sentencial que pode causar ambiguidade, prefiro o termo *ambiguidade estrutural*.

Finalmente, em (o), o problema de ambiguidade é causado pelo escopo dos quantificadores *todos* e *um*. Uma primeira interpretação nos faz entender que todas as crianças dormem no mesmo quarto. Observe-se a ilustração a seguir:

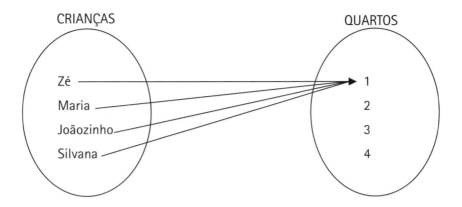

Uma segunda interpretação nos faz entender que cada criança dorme em um quarto individual. Observe-se a ilustração abaixo:

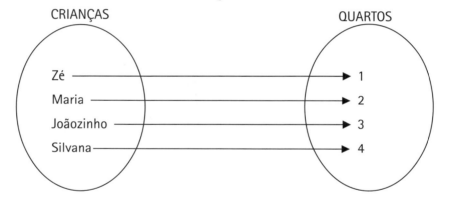

A desambiguização ocorreria com o acréscimo de um modificador que determinasse em que quarto as crianças dormem: e.g. "Dinho falou que todas as crianças dormem em um <u>mesmo</u> quarto". Poderia haver uma alteração mais radical com o acréscimo de palavras: "Dinho falou que todas as crianças dormem, <u>cada uma</u>, em um quarto".

Percebe-se que as estratégias de desambiguização podem ser puramente sintáticas, como a mudança da posição de um termo da sentença, ou lexicais, como o acréscimo de palavras para explicitar as relações sintáticas. Quanto à ambiguidade lexical, o uso do contexto situacional e da isotopia semântica é fundamental para o falante-ouvinte lidar com ela. São essas duas estratégias que justificam a polissemia e a economia que ela causa no léxico da língua.

Há ainda um elemento que contribui para ambiguidade. Refiro-me à **vaguidade**. Poucas vezes, as pessoas se dão conta de quanto vaga a linguagem pode ser. No dia a dia, a vaguidade se faz presente com muita frequência. O restaurante *fast-food* Bob's, em janeiro de 2007, estava colocando na bandeja um panfleto com dicas de verão, entre elas as seguintes: beba bastante água; durma bem; use roupas leves. Quanta água é bastante? O que significa dormir bem? E o que é exatamente uma roupa leve?

Agora, imagine-se a situação em que um funcionário falta ao trabalho e liga para a empresa comunicando que machucou o pé. O que exatamente esse funcionário machucou? O dedão, o tornozelo, o calcanhar ou a sola (*região plantar*, na linguagem médica)? E quando um estudante justifica seu atraso no dia da prova afirmando que o carro quebrou, o que exatamente quebrou no carro?

Existe uma anedota em que quatro estudantes faltaram à prova e pedem uma nova chance ao professor alegando que o pneu do carro em que estavam furou e que, por essa razão, não puderam chegar a tempo para fazer a prova. O professor, então, para checar a veracidade da alegação dos estudantes, coloca cada um deles em uma sala separada e a cada um faz a mesma pergunta: qual dos pneus furou? A anedota foi possibilitada por causa da ambiguidade provocada pela vaguidade contida na alegação dos estudantes: afirmar que "o pneu do carro furou" contém vaguidade porque o carro tem quatro pneus, o que torna impossível para o ouvinte saber exatamente qual pneu furou.

Apesar da vaguidade de várias sentenças proferidas pelas pessoas, seus interlocutores cooperam para que a comunicação ocorra. Entretanto, a vaguidade pode gerar dificuldades no processo comunicativo. Por exemplo, os funcionários de uma faculdade recebem uma comunicação interna informando que, a partir daquela data, será proibido fumar na faculdade. Essa é uma informação aparentemente explícita, mas que pode causar reações diversas. Alguns funcionários não fumantes são indiferentes a essa medida; outros funcionários não fumantes vibram e aplaudem a decisão. Os funcionários fumantes também se dividem, sendo que alguns não se importam com a medida e decidem que não mais fumarão durante o período em que estiverem trabalhando; outros, fumantes semanticistas, buscam uma brecha na decisão tomada pela direção da faculdade e problematizam a decisão: o que "na faculdade" quer dizer exatamente? Afinal, "na faculdade" refere-se às áreas internas e externas, como o pátio, por exemplo, ou refere-se apenas às áreas internas, o que permitiria que um funcionário fumasse no pátio por ser uma área aberta? Percebe-se que "na faculdade", expressão aparentemente explícita, é uma expressão que transmite alguma vaguidade no contexto analisado.

E a linguagem vaga é boa ou ruim? Um ponto positivo da vaguidade é a economia linguística que ela produz. Geralmente, quando usamos um termo vago, deixamos de usar muitas palavras que teríamos de usar caso quiséssemos ser precisos. De acordo com Joanna Channell (1994: 3), "a vaguidade na linguagem não é nem de todo 'ruim' nem de todo 'boa'. O que importa é que a linguagem vaga seja usada apropriadamente"[48]. Quando dois estudantes conversam na escola e não desejam que outros colegas entendam a conversa, eles podem usar termos como *figura* (referindo-se a uma pessoa), *coisa* e *negócio*. Observe-se que o uso do sujeito oculto também contribui para deixar a linguagem vaga, como no exemplo a seguir, pois não se pode identificar nem o sexo da tal *figura*:

> – Lisa, aquela *figura* ligou. Disse que vai trazer a *coisa* amanhã.
> – Pô, Dinho, até que fim! E você já conseguiu o *negócio*?
> – Tranquilo.

Mas a vaguidade pode ser usada de forma inadequada, não deixando explícitas informações relevantes. José Roberto Penteado (2001: 106) faz uma pergunta interessante: "de que adianta reunir-se a Associação Comercial para estabelecer um *lucro razoável* nas operações mercantis, antes de se chegar a um acordo sobre o que venha a ser *lucro razoável*?" E por que é necessário se chegar a um acordo acerca do significado de *lucro razoável*? Exatamente pelo fato de *razoável* ser um adjetivo que expressa opinião.

Os adjetivos que expressam opinião parecem ser inerentemente causadores de vaguidade. Qual o preço de um automóvel caro? O chamado carro popular, no Brasil, é caro ou barato? Se um mestrando ouvir do seu orientador que sua dissertação está boa, como ele deve interpretar *boa*? Ela está boa de acordo com que parâmetros?

Na verdade, os adjetivos que expressam opinião formam um grupo de adjetivos que contribuem para a vaguidade na linguagem: os **adjetivos graduais**, que são aqueles que permitem construções comparativas. A vaguidade expressa por esses adjetivos é causada pela necessidade de se ter um ponto de referência para determinar a extensão do seu significado. Uma pessoa de 1,80m de altura é alta ou baixa? Depende: se for para jogar basquete, é baixa; se for para trabalhar como telefonista, é alta, a depender da cadeira disponível. E um salário mínimo de US$ 300,00 é alto ou baixo? Depende: para o governo, que terá que desembolsar mais verbas do orçamento para pagar os aposentados e pensionistas, é alto; para o trabalhador pobre, continua sendo baixo. Tudo vai depender do referencial.

Mas os adjetivos graduais não são os únicos elementos que contribuem para a vaguidade na linguagem. Há expressões quantificadoras que tornam sentenças vagas. Exemplos dessas expressões são: *aproximadamente, em torno de, cerca de, algumas, muitos, poucas*. Imagine-se que o trecho a seguir tenha sido retirado de um relatório de uma empresa (OLIVEIRA, 2004c):

> Há poucos dias, alguns dos nossos melhores engenheiros visitaram um terreno em uma cidade próxima da nossa sede. O terreno apresenta as dimensões perfeitas para a construção de uma fábrica mais moderna. Não serão necessários muitos recursos para a aquisição do terreno.

Observe-se que os termos grifados contribuem para a vaguidade existente no trecho anterior. Alterações teriam que ser efetuadas para que o relatório informasse com precisão os fatos sobre a visita técnica realizada. Ao invés de "há poucos dias", o relatório deveria conter a data em que a visita ocorreu, da mesma forma que "alguns dos nossos melhores engenheiros" deveria ser substituído pelos nomes dos engenheiros que participaram da visita. O nome da cidade onde o terreno fica localizado deveria estar no lugar de "uma cidade próxima da nossa sede". Quais são exatamente as "dimensões perfeitas" do terreno? A fábrica é "mais moderna" em relação a quê? Por fim, ao invés de "muitos recursos", o relatório teria que conter o montante exato de dinheiro necessário para a aquisição do terreno.

Na área acadêmica e científica, a vaguidade causa problemas para a resolução de questões epistemológicas: esforços devem ser empreendidos para que os termos teóricos sejam precisos, evitando-se a vaguidade. Tome-se o caso do turismo, por exemplo: a epistemologia do turismo encara muitos entraves devido à vaguidade que permeia muitos dos termos usados, como ecoturismo, turismo sustentável e turismo. Para Marc Boyer (apud OLIVEIRA, 2004c: 54), "a epistemologia do turismo, há muito tempo, sofre da falta de conceitos e definições saudáveis".

A vaguidade na linguagem, portanto, pode contribuir para complicar a comunicação. Adjetivos graduais e expressões quantificadoras como as que foram apresentadas aqui contribuem para tornar a linguagem vaga e, por essa razão, devem ser usados de forma consciente. Em dissertações, teses, relatórios, e comunicações internas, eles devem ser evitados. Em situações em que o falante, ou o escritor, não queira revelar informações específicas sobre algo ou queira causar mistério a respeito de algo, a vaguidade é uma ferramenta excelente.

A discussão sobre ambiguidade e vaguidade realizada aqui evidencia o fato de que os elementos linguísticos não são suficientes para a atribuição de significados a um enunciado. Fiengo e May (1997: 119) deixam isso bem claro ao analisarem a sentença "Ele saiu" (no original inglês "He left"):

> Essa cadeia de palavras, enquanto sintaticamente uma sentença, não pode ser usada como ela está para fazer uma afirmação porque ela contém um termo indexical aberto. Assim, qualquer afirmação em que ela possa ser usada é subdeterminada pela sua forma linguística. Para que essa sentença seja usada para se fazer uma afirmação, o termo indexical deve ser fechado; algum valor deve ser estabelecido para ele. Este é o papel do contexto – ele deve fornecer um fechamento para o que estiver aberto nas sentenças[49].

O termo indexical, também chamado de **dêitico**, funciona como um índice – daí o adjetivo *indexical* – por estabelecer uma relação com um outro elemento. O termo indexical em questão é o pronome *ele*. Na sentença "Ele saiu", é impossível saber a quem *ele* se refere, a que elemento está indexado, se não houver um contexto para indicar o elemento ao qual esse termo se refere e ao qual seria atribuído o mesmo índice, como no seguinte exemplo: "Divá[1] foi à Associação Atlética da Bahia. Ele[1] tá participando do campeonato interno de sinuca". O índice de número 1 indica os elementos indexados.

Vale lembrar que contexto pode ser entendido de uma forma dupla: contexto linguístico e contexto extralinguístico. Alguns autores se referem ao contexto linguístico usando o termo **cotexto**, o qual engloba as palavras que se encontram antes e depois da palavra que causa a ambiguidade, o gênero do texto em que a palavra se encontra e a posição sintática da palavra na sentença. O contexto extralinguístico é situacional e cultural, englobando os indivíduos envolvidos no ato enunciativo em que a sentença é proferida ou escrita, ou seja, quem diz o que para quem, o local social onde a sentença é proferida ou lida, e a época em que a sentença é proferida ou lida.

Bem, voltemos à **dêixis**, que é um fenômeno importante e, exatamente por isso, é estudada dentro da semântica realizada sob a ótica pragmática. O termo *dêixis* originou no grego (sempre os gregos!) e significa "apontar". E é exatamente isso o que a dêixis faz: aponta por meio da língua, sempre tendo como referência o falante. George Yule (1996: 9) lembra que a dêixis é claramente uma forma de fazer referência que está vinculada ao contexto do falante. Em outras palavras, as expressões dêiticas apontam para longe ou para perto do falante.

O contexto vai fornecer os elementos necessários para a construção de significados em termos de dêixis. Esses elementos formam aquilo que Charles Fillmore (1997) chama de **âncora dêitica**. Uma sentença fictícia escrita em um bilhete dentro de uma garrafa encontrada no mar é usada por Fillmore para ilustrar um caso de uma sentença sem âncora dêitica: "Encontre-me aqui ao meio-dia de amanhã com uma vara desse tamanho". É possível construir algum sentido a partir das palavras dessa sentença: alguém quer que o leitor do bilhete o encontre em algum lugar às 12:00 p.m. do dia seguinte ao dia em que o leitor lê o bilhete e que o leitor leve uma vara de um determinado tamanho. O problema é que a falta de várias âncoras dêiticas causa muita vaguidade no bilhete: como não há assinatura, não se sabe quem é "eu" no bilhete; como no bilhete não há a data nem o local em que ele foi redigido, não se sabe onde é "aqui" e nem quando é "amanhã"; como não se está vendo o autor do bilhete, não se pode saber que tamanho da vara é "esse" tamanho. Esses elementos pessoais (marcados pelos pronomes), temporais e espaciais (ambos marcados por advérbios e expressões adverbiais) são analisados a seguir.

A dêixis pode ser classificada em pessoal, social, discursiva ou textual, espacial e temporal. A **dêixis pessoal** se reflete diretamente na gramática de uma língua por meio dos pronomes pessoais. O pronome *eu*, por exemplo, só pode ser entendido caso se saiba quem o está proferindo: o significado do enunciado "Eu sou o presidente do Brasil", por exemplo, varia de acordo com quem o profira. Note-se o uso que alguns escritores ou oradores fazem do pronome *nós* para fazer com que o leitor ou o ouvinte se sinta parte integrante e ativa do discurso construído por eles. Isso é muito comum em empresas que querem ver seus funcionários "vestindo a camisa": o chefe diz coisas como "Nós tivemos um excelente ano" ou "Nós estamos ampliando nossos negócios" com tanta frequência que há funcionários que acabam caindo nessa arapuca ideológico-discursiva e passam a falar da empresa na primeira pessoa do plural. (Só de curiosidade: quando a empresa despede um funcionário, será que ele diz "Nós me despediram"?)

Vinculada à dêixis pessoal está a **dêixis social**, que revela a relação social existente entre os participantes do discurso. A dêixis social se plasma nas formas de tratamento, como *Sr.*, *Sra.*, *Vossa Excelência*, *Magnífico* e *Vossa Senhoria*, e nos pronomes, que, em algumas línguas, demonstram claramente o distanciamento social entre falante e interlocutor em termos de grau de formalidade: em francês, *tu* (informal) e *vous* (formal); em alemão, *du* (informal) e *Sie* (formal); em espanhol, *tu* (informal) e *usted* (formal).

Alguns teóricos também falam de **dêixis discursiva** ou **dêixis textual**. Para Levinson (1995), a dêixis textual diz respeito ao uso de expressões em um enunciado para se referir a um trecho do discurso dentro do qual aquele enunciado se encontra. Levinson (1995: 86) chama a nossa atenção para que não confundamos anáfora com dêixis textual: "quando um pronome se refere a uma expressão linguística (ou a um trecho do discurso) propriamente dita, ele é um dêitico discursivo; quando um pronome se refere à mesma entidade a que uma expressão linguística anterior se refere, ele é anafórico"[50]. Observe-se, por exemplo, o uso do demonstrativo *isso* feito no diálogo a seguir, entre Dona Ivone e Dinho. A primeira ocorrência de *isso* é um exemplo de dêixis espacial enquanto a segunda é um exemplo de dêixis textual.

> – O que é <u>isso</u>, Dinho?
> – Um convite para o casamento de Mike.
> – Por falar em casamento, por que você não se casou ainda? Cê tem alguma coisa contra o casamento?
> – Eu? Não. Não tenho nada contra. Mas <u>isso</u> não quer dizer que eu pretenda me casar.

Segundo Levinson (1995: 88), há expressões que usamos em posições iniciais em enunciados e que indicam a relação entre o enunciado e o discurso antecedente. São expressões como: *Mas, bem, afinal de contas, na verdade, entretanto, de qualquer forma*. Tais expressões mostram, de maneira complexa, como o enunciado que as contém é uma resposta ou uma continuação a um trecho do discurso antecedente. Veja-se, por exemplo, o título de uma música de Tiririca, "Ele é corno/<u>Mas</u> é meu amigo". Um outro exemplo: um professor estava ouvindo seus alunos comentando sobre os emos e perguntou: "<u>Afinal de contas</u>, o que é um emo?"

Um outro tipo de dêixis é a **dêixis espacial**, realizada pelos advérbios e expressões adverbiais de lugar, como *aqui, cá, aí* e *lá*, que revelam proximidade ou distanciamento do falante. Isso se reflete nos verbos *ir*, que implica um movimento para longe do falante, e *vir*, que implica um movimento para perto do falante. Esses dois verbos possuem elementos dêiticos embutidos.

É interessante notar como a dêixis espacial influencia a nossa escolha de uma palavra em relação a outra para mostrar proximidade ou distanciamento do falante para com seu interlocutor. Por exemplo, Luciana, namorada de Luciano, geralmente chega atrasada aos encontros que marca com ele. Assim, para atenuar a impaciência de Luciano pela espera, ela costuma ligar para ele e dizer: "Estou *chegando*". Entretanto, geralmente um intervalo de 15, 30 ou 50 minutos decorre entre o momento em que Luciana profere esse enunciado e o momento da sua chegada ao local do encontro.

Finalmente, comentemos sobre a **dêixis temporal**. Ela ocorre por meio dos advérbios e das expressões adverbiais de tempo, como *hoje, ontem* e *depois de amanhã*. Se eu disser que vou viajar amanhã, alguém só saberá quando eu vou viajar se souber o dia em que profiro esse enunciado – "amanhã" será o dia seguinte ao dia do proferimento. Se eu escrever "no século passado", estarei me referindo ao século XX se eu escrever hoje, mas estarei me referindo ao século XIX se eu tiver escrito essa frase em fevereiro de 1999.

Vejamos como um escritor experiente pode causar confusão pelo mau uso de um dêitico temporal de uso frequente. No dia 30 de outubro de 2003, a importante coluna política de Samuel Celestino no jornal *A Tarde*, publicado na capital baiana, informava: "Os advogados baianos estão literalmente ouriçados. Hoje, num pleito como de há muito não se registra, três chapas disputam o controle da secção regional da OAB". Naquele dia, muitos advogados foram à sede da OAB em Salvador para votar. Só que havia um problema: a eleição não estava marcada para aquele dia. No dia seguinte, Celestino publicava o seguinte texto em sua coluna:

> Mão à palmatória. Não foi erro, daí esse registro não significar uma correção. Mas, ao comentar sobre a luta político-eleitoral na OAB, secção Bahia, cometi uma impropriedade que gerou dúvidas. Disse que "Hoje, num pleito como de há muito não se registra [...]" e houve quem interpretasse que o "hoje" indicava que a eleição seria ontem, gerando uma pequena confusão, não mais do que pequena, porque esta coluna não tem tamanha importância. Advogados procuraram a OAB para votar.
>
> O texto jornalístico não deve dar margem a dúvidas, a não ser quando tem esse propósito (recurso que, vez por outra, utilizo) e acabei cometendo uma impropriedade. Peço desculpas e esclareço: a eleição na OAB-BA, com três chapas em luta, será no próximo 27 de novembro.

Ora, por mais que Celestino ironize a situação e relute em admitir seu erro, jogando a culpa na má interpretação dos advogados que leram sua coluna, ele causou confusão, sim. A palavra *hoje* tem uma função dêitica bem clara naquele contexto, a qual desautoriza a interpretação de *hoje* como *dias atuais*. Esse exemplo demonstra a importância da dêixis para a produção de sentidos.

Além da dêixis, um outro fenômeno semântico que é de interesse da abordagem pragmática são os atos realizados a partir da fala, os quais ficaram conhecidos como **atos de fala**. O conceito foi introduzido no meio acadêmico por John Austin, mas foi popularizado por John Searle.

Os atos de fala são ações realizadas por meio da linguagem, como pedir, ordenar, prometer e ameaçar. Austin concebe a língua como uma atividade e critica os filósofos por terem passado muito tempo achando que uma declaração, i.e., uma sentença usada para afirmar algo, tinha o papel de apenas descrever um estado de coisas ou declarar um fato de modo verdadeiro ou falso. Por exemplo, há enunciados, chamados por Austin (1990: 25) de **enunciados performativos**, que não se encaixam nos moldes filosóficos tradicionais de declarações que descrevem um estado de coisas ou que declaram algo de modo verdadeiro ou falso. Eis alguns exemplos:

> p) Eu vos declaro marido e mulher.
> q) Declaro aberta a sessão.
> r) Defiro o requerimento.
> s) Batizo este navio "Moby Dick".
> t) Aposto uma caixa de cerveja que o Ipiranga ganha do Galícia.
> u) Aceito.

Austin lembra que sentenças como essas realizam atos quando proferidas em um determinado contexto. Ele alerta para a necessidade de as circunstâncias em que as palavras são proferidas serem apropriadas para a concretização do ato. Por exemplo, a sentença "Eu vos declaro marido e mulher" só é um enunciado performativo se proferida por um juiz (ou um padre) para uma noiva e um noivo no momento do casamento. Austin chama tais circunstâncias de **condições de felicidade**, necessárias para o funcionamento de um enunciado performativo, i.e., pessoas adequadas e os procedimentos convencionalmente aceitos, que produzam efeitos convencionais e que incluam o proferimento de certas palavras convencionais. Assim, se eu, que não sou juiz nem padre, disser "Eu vos declaro marido e mulher" para minha amiga Kathy e seu companheiro Jack, no Porto da Barra, durante o pôr-do-sol numa sexta-feira, esse enunciado não terá valor performativo por faltarem as condições de felicidade.

Os atos da fala podem ser explícitos, e.g. "Prometo que estarei lá", ou implícitos, e.g. "Estarei lá". Note-se que uma mesma sentença pode ser usada em atos da fala diferentes, para realizar atos de fala diferentes. "Estarei lá" pode ser usado para expressar promessas, ameaças ou avisos. Aliás, isso, por si só, é evidência clara de que o significado das palavras não é o uso que se faz delas, contrariamente ao que Wittgenstein afirmou.

Austin propôs três tipos de atos de fala: o **ato locucionário**, ato de dizer algo e que tem um significado; o **ato ilocucionário**, ato que se realiza ao se dizer algo e que tem certa força; e o **ato perlocucionário**, ato de se dizer algo com o propósito de produzir algum efeito no interlocutor pelo fato de se dizer algo. Segundo Austin, pode-se distinguir o ato locucionário "ele me disse que..." do ato ilocucionário "ele argumentou que..." e do ato perlocucionário "ele me convenceu que...": o ato ilocucionário nos diz a forma como um ato locucionário é usado, como, por exemplo, informar, ordenar, prevenir, avisar e comprometer-se; o ato perlocucionário, como, por exemplo, convencer, persuadir, impedir, surpreender e confundir, é realizado porque dizemos algo. Vale lembrar que nem todo ato ilocucionário tem uma intenção perlocucionária como as promessas e os enunciados performativos.

Dessa maneira, quando o chefe de uma empresa diz "Sou alérgico a fumaça de cigarro" ao seu novo assistente, que está fumando dentro do escritório, percebem-se aí dois atos: (1) o ato locucionário, por estar emitindo sons vocálicos e consonantais que o assistente reconhece como sendo um enunciado que está de acordo com as regras morfossintáticas e fonológicas da língua portuguesa; e (2) o ato ilocucionário, porque está ordenando o assistente a não fumar ali. Como o ato perlocucionário está fora do controle do falante, não se pode afirmar se ele ocorre ou não, e se ocorre não se pode prever qual será.

Não por acaso, Ducrot (1972: 12) afirma que "a língua, então, não é mais apenas o lugar onde os indivíduos se encontram; ela impõe também, a esse encontro, formas bem determinadas. Não é mais somente uma condição de vida social, mas um modo de vida social. Ela perde a inocência". E se a língua não é inocente, quando as pessoas falam, elas devem ficar atentas ao teor ilocucionário de seus enunciados para evitarem reações indesejadas em seus interlocutores. Por isso, especificamente relacionada aos atos ilocucionários está a questão de como dizer algo sem se colocar em posição de vulnerabilidade a ataques ou críticas. Como dizer sem dizer?

As considerações de Austin e de Ducrot sobre a linguagem deixam claro o fato de que a língua, além de ter a função de transmitir informações, é um fenômeno interacional. A respeito dessa função, Ducrot lembra uma questão interessante: já que a língua é um instrumento de transmissão de informações, ela pode ser concebida como um código, o que implica que todos os conteúdos expressos pela língua são expressos de maneira explícita durante essa transmissão. Entretanto, conclui Ducrot (1972: 13): "muitas vezes temos necessidade de, ao mesmo tempo, dizer certas coisas e de poder fazer como se não as tivéssemos dito; de dizê-las, mas de tal forma que possamos recusar a responsabilidade de tê-las dito".

Ducrot está correto. Do contrário, como o chefe alérgico a cigarro, mencionado antes, poderia dar uma ordem sem parecer que está dando uma ordem apesar de seu poder hierárquico? Como um funcionário poderia fazer um pedido a outro sem parecer que está fazendo um pedido? Uma maneira que a língua proporciona para se fazer isso é por meio do mecanismo da **implicitação**. De acordo com Ilari (2001: 92):

> As mensagens linguísticas comportam às vezes implícitos que não podem ser previstos com base apenas no sentido literal. Importantíssimos para a interpretação final da mensagem, esses implícitos só podem ser descobertos por um trabalho de conjectura feito a partir de uma avaliação global da situação comunicativa, em que o ouvinte procura recuperar as intenções do falante. Mensagens que comportam esse tipo de implícito são sempre interpretadas como "indiretas" e obrigam, tipicamente, o ouvinte a perguntar: "O que foi que ele quis dizer com isso?", "Aonde ele quis chegar?" etc.

O uso dos implícitos pode representar uma forma de proteção para quem os usa. Afinal, como coloca, apropriadamente, Ducrot (1972: 14): "toda afirmação explicitada se torna, por isso mesmo, um tema de discussões possíveis. Tudo o que é dito pode ser contradito. De tal forma que não se poderia enunciar uma opinião ou um desejo sem expô-los ao mesmo tempo às eventuais objeções dos interlocutores". Consequentemente, se o falante não explicita sua mensagem, ele não corre o risco de ser acusado ou criticado por ter dito algo.

Como vimos, os atos de fala podem ser explícitos ou implícitos. Imagine-se a situação em que uma mãe, Nair, está passeando com a filha, Mariana, em um *shopping center*. Como já está uma mocinha, Mariana começa a se preocupar com roupas para ficar bonita. Ela passa por uma vitrine e diz para Nair: "Mãe, olha que blusa linda". Nair olha para a blusa e diz: "É linda mesmo". E continuam caminhando. Ora, Mariana, esperta que é, pediu, implicitamente, para a mãe comprar a blusa para ela; só que o ato perlocucionário que ela queria provocar na mãe não foi o esperado. A mãe foi esperta também e fez de conta que não entendeu.

Isso mostra como a implicitação, embora livre o falante do risco de ser acusado de dizer alguma coisa, pode não provocar os resultados desejados ou até mesmo complicar o processo comunicativo. Imagine-se agora a situação em que Josenilda, professora de português em uma escola em Alagoinhas, na Bahia, diz aos colegas: "Está muito frio aqui". Ela e os outros professores se encontram em uma sala com ar-condicionado, que está ligado. Com esse enunciado, ela está provavelmente pedindo a permissão dos outros para desligar o ar-condicionado. Se os professores não quiserem desligar o ar, eles não cooperarão, no sentido de não entenderem o implícito do enunciado de Josenilda e não dirão nem farão nada a esse respeito.

Uma outra situação possível é aquela em que o gerente de uma empresa diz a um dos mensageiros que gerencia: "O banco fecha em 25 minutos". Se o mensageiro estiver com boa vontade, ele interpretará o enunciado do gerente como uma ordem para ir ao banco fazer o que tem que ser feito no banco. Se o mensageiro não estiver com vontade de ir ao banco, ele fará de conta que não entendeu a ordem implícita no enunciado, causando, possivelmente, algum problema por conta disso. Observe-se que o mensageiro poderá usar, em sua defesa, o argumento de que o gerente não deu ordens para ele ir ao banco.

É por isso que, em uma empresa, por exemplo, as ordens, pedidos e avisos devem ser feitos da forma mais explícita possível, caso se deseje que eles sejam entendidos pelos funcionários. Não se deve confiar na boa vontade e na capacidade de interpretação das pessoas, para que elas entendam o que está implícito nos enunciados. Em contextos políticos, por outro lado, a implicitação é importante para livrar políticos da responsabilidade de terem afirmado algo: isso sempre dá a eles a possibilidade de defesa na base do "fui mal-interpretado".

Não por acaso, Ducrot (1972: 13) questionou uma ideia legada por Saussure: a de que a língua é um instrumento de comunicação, um código, cuja função fundamental é informar. Sua crítica se baseia num ponto básico: ver a língua como um código é "admitir que todos os conteúdos expressos graças a ela são expressos de maneira *explícita*". Entretanto, a língua, além de fazer muito mais do que apenas transmitir informações, nem sempre veicula explicitamente o que um falante ou um escritor quer dizer.

Imagine-se a situação em que uma turista americana, Lisa, diante da vitrine de uma loja de *souvenirs*, aponta para uma blusa com a palavra *Bahia* na estampa e diz para uma vendedora: "Gostei daquela branca". Ora, Lisa espera que a vendedora pergunte que número ela veste e, em seguida, que vá buscar uma blusa para que ela possa experimentar. Lisa não espera que a vendedora receba o enunciado proferido apenas como uma informação sobre a sua preferência em relação às peças à mostra na vitrine.

Retomemos o exemplo do chefe alérgico a fumaça de cigarro para ilustrar a ideia de que a língua faz mais do que informar. Lembremos o que ele disse ao seu novo assistente, que estava fumando dentro do escritório: "Tenho alergia a fumaça de cigarro". Para o bem do futuro profissional do novo assistente, ele deverá realizar uma ação naquele momento e no futuro: apagar o cigarro e não acender mais nenhum no local de trabalho dali em diante. Do contrário, se o assistente receber o enunciado apenas como uma informação a respeito da relação entre a fumaça do cigarro e o organismo do seu chefe, este poderá interpretar a continuação do ato de fumar como uma afronta, com possíveis consequências não muito positivas para o assistente.

Esses exemplos servem para justificar a posição de Ducrot (1972: 12), segundo a qual a função da língua não pode se reduzir à transmissão de informações: "deve-se reconhecer que muitas outras funções são essenciais na língua, funções que ela preenche, tornando possíveis atos que lhe são específicos – e que não têm qualquer caráter natural – como os de interrogar, ordenar, prometer, permitir... etc." Aplicando-se as palavras de Ducrot aos dois exemplos acima, percebe-se que a cliente está pedindo à vendedora para ir buscar uma camisa do modelo que está na vitrine e que o chefe está ordenando o subordinado a não fumar no local de trabalho.

Fica evidente, pois, que a língua não é só um instrumento de transmissão de informações, mas principalmente um instrumento por meio do qual os falantes-ouvintes realizam atos. Como lembra Ducrot, a função de comunicação fornece um lugar de encontro para os indivíduos pelo fato de a transmissão de informações requerer, pelo menos, duas pessoas. Ao se encontrarem, os indivíduos tendem a realizar atos ao falarem um com o outro. E muitos desses atos requerem que as coisas não sejam colocadas de forma explícita.

Afinal, nós todos sabemos como é necessário, em determinados momentos e com determinadas pessoas, dizer algo de uma maneira que pareça que esse algo não foi dito: "Sabe-se bem que não se tem o direito de dizer tudo, que não se pode falar de tudo em qualquer circunstância, que qualquer um, enfim, não pode falar de qualquer coisa" (FOUCAULT, 2002: 9). Como ressalta Ducrot, lembremos, tudo que é dito pode ser contradito. Por essa razão, o fenômeno da implicitação é comum ao ato da enunciação.

Ducrot (1972) fala de três tipos de **implícitos**. O primeiro tipo é aquele baseado no enunciado, o qual deixa "não expressa uma afirmação necessária para a completude ou para a coerência do enunciado, afirmação à qual a sua própria ausência confere uma presença de um tipo particular: a proposição implícita é assinalada – e apenas assinalada – por uma lacuna no encadeamento das proposições explícitas". Um exemplo desse primeiro tipo de implícito se encontra no enunciado: "Zé tá muito educado e solícito, logo ele tá querendo pedir alguma coisa". Nesse exemplo, fica implícito que Zé não costuma ser educado nem solícito a não ser quando quer pedir alguma coisa. Esse tipo de implícito é muito comum em anúncios publicitários. Raul Seixas até brincou com isso na música "É fim de mês" ao dizer: "Eu fumo Hollywood porque é o cigarro do sucesso". O implícito aí é óbvio: quem fuma o cigarro da marca Hollywood é bem-sucedido. Raulzito ironiza explicitando isso no verso seguinte: "Eu sou sucesso".

O segundo tipo de implícito é o baseado na enunciação, o chamado **subentendido** do discurso, que não está no conteúdo do enunciado, como no caso anterior. Um exemplo se encontra na seguinte situação: uma mulher diz ao seu marido "O dia está lindo", num dia de sábado, no terceiro ano de um casamento que caiu numa rotina que os levou a ficar sempre em casa nos fins de semana assistindo a algum programa de auditório na TV. O que está subentendido no enunciado é um pedido da mulher para que ela e o marido saiam de casa para fazer algo divertido. Contudo, é importante ressaltar que esse implícito não se encontra no enunciado. Ele se deriva do próprio ato de enunciação a partir de quem diz o que para quem e em que circunstâncias. Por isso, o contexto é o que permite ao locutor descobrir o que está subentendido, o que é exterior ao significado literal.

Ducrot (1972: 142) nos lembra que o subentendido tem duas características. A primeira é a sua dependência em relação ao contexto e, consequentemente, a sua instabilidade. A segunda característica é o fato de sempre existir, "para qualquer enunciado, um 'sentido literal' do qual seus subentendidos eventuais ficam excluídos. Estes aparecem, portanto, como acrescidos".

O terceiro tipo de implícito, que não está baseado na enunciação, é o que Ducrot chama de pressuposição linguística ou simplesmente **pressuposição**, em que há a presença de dois elementos: o posto e o pressuposto. Dois exemplos podem ilustrar claramente esses elementos. No enunciado "O Brasil não está mais na Copa do Mundo", o pressuposto é "o Brasil estava na Copa do Mundo" e o posto é "o Brasil não está na Copa do Mundo". Um outro exemplo, fornecido por Carlos Vogt (1977), é o enunciado "O povo continua a exigir mudanças". Esse enunciado também é formado por duas partes: o posto, i.e., "o povo exige mudanças", e o pressuposto, i.e., "o povo exigia mudanças".

Vogt lembra que "o posto constitui a significação explícita do enunciado e o pressuposto, a sua significação implícita". Para Ducrot, a pressuposição é um ato de fala particular e os pressupostos são os conteúdos semânticos visados por esse ato. Tanto o pressuposto quanto o posto fornecem informações, mas o discurso dá preferência à informação do posto, a partir do qual o discurso continua.

Um exemplo muito interessante disso surgiu para mim quando telefonei para a central de atendimento de uma operadora de cartão de crédito. Como de costume, a atendente me disse que iria fazer algumas perguntas para a minha própria segurança. No meio das perguntas usuais, do tipo "qual o nome de sua mãe?" e "qual o endereço para correspondência?", ela me perguntou: "Sua cônjuge tem cartão adicional?" Achei inteligente essa pergunta porque tanto uma resposta afirmativa quanto uma negativa mostrariam para a atendente que eu estaria mentindo por uma simples razão: sou solteiro. O pressuposto dessa pergunta é: "Você é casado". A operadora do cartão usou o pressuposto para melhorar a segurança do atendimento telefônico. Não é interessante?

Vogt foi aluno de Ducrot e foi quem cunhou o termo **semântica argumentativa**. É importante esclarecer que o adjetivo *argumentativa* implica uma relação intersubjetiva, especialmente porque, como afirma Ducrot, argumentar é dar razões em favor de uma conclusão. Para ilustrar essa posição, retomemos o exemplo do enunciado proferido por Lisa na loja de *souvenirs*: "Gostei daquela vermelha". Lisa quer levar a vendedora a concluir que ela deseja experimentar e/ou comprar a camisa vermelha.

Em janeiro de 2007, recebi um panfleto de uma loja de roupa infantil em Salvador com o seguinte *slogan*: "vestindo criança como criança". Seguindo a ideia de Ducrot, segundo a qual argumentar é dar razões em favor de uma conclusão, nós podemos nos perguntar a que conclusão essa frase do panfleto quer nos levar. Percebe-se aí uma crítica a outras lojas de roupa infantil, as quais não oferecem roupas de criança, mas sim roupas de adulto em tamanhos infantis. Panfleto inteligente, né?

A existência de argumentos diferentes em favor de uma conclusão aponta para aquilo que Ducrot chamou de **escala argumentativa**. Eduardo Guimarães (2002: 51) esclarece que uma escala argumentativa é uma classe argumentativa, i.e., um grupo de três enunciados que levam a uma mesma conclusão, ordenada pela força menor e maior dos enunciados. Por exemplo, veja a classe argumentativa a seguir. Qual dos enunciados você acha que melhor leva à conclusão "O pacote para o Havaí está barato"?

> v) Até o Tio Patinhas vai comprar esse pacote para o Havaí.
> x) Muita gente tá comprando esse pacote para o Havaí.
> z) Bill Gates vai comprar esse pacote para o Havaí.

O enunciado (z) é fraco em termos de levar à conclusão de que o pacote é barato pela simples razão de Bill Gates ter apenas 50 bilhões de dólares de fortuna. Os enunciados (v) e (x), ao contrário, são argumentos que nos levam à conclusão de que o pacote é barato. Entretanto, é óbvio que o enunciado (v) é o mais forte, já que sabemos o quanto Tio Patinhas é casquinha.

A versão mais recente da teoria da argumentação de Ducrot é a sua **teoria dos topois** (plural de *topos*). Segundo Martins (2007), topos é um princípio comum, compartilhado pelos membros de uma comunidade linguística, o qual permite ao falante usá-lo como um argumento que justifique uma conclusão. Para ilustrar, observe-se o enunciado "Pagode é uma droga". Neste caso, o topos é: "droga é algo ruim"; "deve-se evitar algo ruim". Logo, possíveis conclusões autorizadas por esse topos são, por exemplo: (1) "não quero ouvir esse tipo de música"; (2) "não ouça esse tipo de música"; (3) "vamos ouvir outro tipo de música". Isso é muito comum em nossas conversas diárias, não é?

Conversas diárias... São elas que nos mostram como é pouco interessante e contraintuitivo se estudarem os fenômenos semânticos independentemente do uso da língua. No começo de 2007, uma aluna minha, Monalisa, estava atrasada para ir ao médico e, por isso, estava visivelmente nervosa no ponto de ônibus, andando de um lado para o outro. Outra estudante, conhecida dela, estava no ponto também, observando Monalisa, que perguntou: "Que horas são?" A outra estudante respondeu: "O ônibus já deve estar passando". Como explicar esse diálogo do ponto de vista estrutural? E do ponto de vista da semântica formal?

A comunicação humana é regida por daquilo que Paul Grice chamou de **Princípio da Cooperação**. Para ele, os falantes e ouvintes cooperam para que a comunicação aconteça. No que diz respeito às comunidades linguísticas ocidentais, isso é provavelmente verdade. Não sei se podemos afirmar o mesmo quanto às culturas orientais, que podem diferir muito das ocidentais quanto às suas regras de comunicação. Grice (1975) elaborou uma taxonomia de estratégias para demonstrar o que as pessoas fazem para cooperarem no processo comunicativo. Essas estratégias são as **máximas conversacionais**.

A primeira é a **Máxima de Quantidade**. Ela diz o seguinte: (1) faça com que sua contribuição para a conversação seja tão informativa quanto necessária; e (2) não faça com que sua contribuição seja mais informativa do que o necessário. Informação de menos pode atrapalhar e informação demais pode irritar. Por exemplo, imagine que Romeu seja um homem ciumento e que sua namorada, Julieta, esteja se aprontando para sair. Romeu pergunta aonde ela vai e ela diz que vai dar uma saída. Romeu pergunta aonde exatamente e ela responde que vai a um bar. Romeu agora quer saber com quem ela vai e ela diz: "Com um amigo". Dá para imaginar o restante da conversa e a confusão que está para acontecer. E tudo porque Julieta foi muito pouco informativa em sua conversa com Romeu, violando a máxima da quantidade.

Quando uma máxima é violada, ocorre aquilo que Grice chama de **implicatura conversacional**: o ouvinte, no caso do exemplo anterior, Romeu, começa a se perguntar o que está por trás da violação. O ouvinte passa, então, a tentar descobrir qual a intenção do falante.

Em 18 de março de 2002, minha mãe, meu irmão e eu estávamos em um hospital em Salvador à espera de informações sobre meu pai, que estava na UTI. Após muito tempo, a médica veio ao nosso encontro e perguntamos: "Como ele está?" Ela começou a relatar os procedimentos que havia realizado para cuidar de meu pai. E as informações vinham uma atrás da outra, mas o que nós queríamos saber era simplesmente como ele estava. A médica estava dando informações em excesso, violando a máxima da quantidade e nos levando a pensar que algo estava errado, até que ela disse: "Aí, às 11:45, ele faleceu". Ela continuou falando, mas eu não ouvia mais nada. (Percebi como é difícil a tarefa de comunicar a alguém que uma pessoa querida faleceu. Como respeitar as máximas conversacionais numa hora como essa?)

Bem, a segunda é a **Máxima de Qualidade**. Segundo essa máxima, você não deve dizer o que você acredita ser falso e nem aquilo para o qual você não tem a evidência adequada. Em resumo, faça com que sua contribuição para a comunicação seja verdadeira. Essa máxima reforça o que discutimos no capítulo 2, quando falamos da importância da verdade para a comunicação humana. Obviamente, essa máxima pode ser e é frequentemente violada quando se tem a intenção de esconder alguma coisa. No Brasil é tão comum vermos políticos infringirem a máxima da qualidade que já se parte do pressuposto de que devemos desconfiar de tudo aquilo que os políticos dizem: temos a sensação de que eles começam a violar essa máxima no momento em que abrem a boca para falar.

Chierchia (2003: 193-194) lembra que "nas trocas conversacionais, as implicaturas desempenham um papel importante. Elas estão na base de fenômenos como a ironia e a metáfora". Isso se aplica ao caso da violação da máxima da qualidade. Afinal, a ironia e a mentira, por exemplo, estão extremamente próximas uma da outra: ambas são afirmações falsas. Entretanto, enquanto a mentira é proferida esperando-se que o ouvinte não descubra que a afirmação feita é falsa, a ironia é proferida esperando-se que o ouvinte perceba que a afirmação é falsa (do contrário, não há ironia). E o que leva o ouvinte a perceber isso é a implicatura conversacional.

A **Máxima da Relação** é a terceira. A regra aqui é simples: seja relevante. Isso quer dizer que você dever dizer coisas que estejam relacionadas com o tópico da conversa. Em termos de produção textual, a violação dessa máxima é um dos elementos que dão a sensação ao leitor ou ao ouvinte de que há problemas de coerência com o texto. Nós podemos testemunhar a violação dessa regra facilmente nos debates entre candidatos a cargos públicos, como presidente e governador. Quando está acuado por alguma pergunta para a qual a resposta é comprometedora, o candidato começa a falar coisas que nada têm a ver com o assunto. Observe os próximos debates políticos.

Finalmente, a **Máxima da Maneira**. De acordo com essa máxima, você deve: (1) evitar a obscuridade na forma de se expressar, (2) evitar ambiguidade, (3) ser breve e (4) ser organizado. Novamente, a violação de qualquer um dos pontos dessa máxima provoca implicatura conversacional. Qual a razão para ser obscuro, por exemplo? Você já observou os contratos de planos de saúde e de cartões de crédito? Além de serem redigidos em letras superminúsculas, trazem informações em uma linguagem difícil para o leitor comum, não acostumado com o jargão jurídico. Isso desencoraja a leitura e incentiva o cliente a assinar o contrato sem prestar atenção a seu conteúdo. E você já passou pela situação em que uma pessoa fala mais do que o necessário e você, sem paciência, diz: "Chegue logo ao ponto"? Acredito que sim. Não ser breve pode indicar que o falante está tentando ganhar tempo para pensar na melhor forma de contar algo não muito agradável.

Após o exposto neste capítulo, eu pergunto: não é muito mais interessante estudarem-se os fenômenos do significado levando-se em conta o uso da língua? É muito difícil desvincular-se a pragmática da semântica já que a razão de ser da língua é a produção de significados. Para essa produção, contribuem elementos extralinguísticos e linguísticos. Parte destes elementos é o significado literal, que tem suscitado questões polêmicas no meio acadêmico. O próximo capítulo é dedicado a uma discussão acerca do significado literal e da interpretação textual.

7
Significado literal e interpretação textual

Precisamos agora abordar uma questão teórica importante: os textos possuem *sentido* antes de serem lidos, i.e., existem significados literais no texto? A razão de se colocar essa pergunta ficará evidente ao longo deste capítulo.

Os meios acadêmicos costumam presenciar modismos variados. No turismo, por exemplo, ouve-se falar muito em *desenvolvimento sustentável* e *ecoturismo*, termos extremamente vagos, ou polissêmicos se se tiver boa vontade para com eles. Na crítica literária e na tradução, marcadas que foram pela febre pós-moderna e pós-estruturalista, a desconstrução derridiana e a negação do significado literal se espalharam por todos os cantos. Jerônimo Teixeira comenta um desses modismos no texto intitulado "Abaixo da crítica: dois professores de literatura estão lançando obras de ficção. E erram feio", publicado na revista *Veja* em 8 de junho de 2005:

> Como crítico e escritor, (Silviano) Santiago é um autoproclamado "pós-moderno" – termo que hoje já não está tão em moda quanto nos anos 80, quando o autor lançou os romances *Em liberdade* e *Stella Manhattan*. O pós-modernismo valoriza os jogos literários, o pastiche, a aproximação entre o popular e o erudito. Tudo isso já existia na literatura anterior, mas os pós-modernos juram que estão "quebrando paradigmas".

É. Não está tão em moda assim, mas ainda há teóricos com posições pós-estruturalistas bastante radicais espalhados pelas universidades brasileiras (e como há!). Uma dessas posições, que interessa diretamente a estudantes de Letras e a professores de português, é a de que um texto não tem sentido antes de ser lido, i.e., não tem significados literais. Aliás, há um pudor visível por parte de alguns professores e teóricos em falar "significado literal" em público. Parece até que virou um palavrão. Na verdade, essa é uma questão que gira em torno do poder do leitor, do autor e do texto na produção de significados, e que precisa ser vista com cuidado para não se confundirem os significados literais que os itens do léxico possuem e os sentidos que um leitor produz para os textos. São duas coisas distintas, embora obviamente inter-relacionadas.

Roland Barthes (apud CULLER, 1997: 39) afirmou que "o nascimento do leitor deve ocorrer à custa da morte do autor". Muitos teóricos se dispuseram a pagar esse preço e mataram o autor. Mas, será que dá mesmo para matar o autor? Será que o autor não deixa suas marcas no texto, as quais evidenciam a sua existência? Talvez o autor sobreviva no texto, por mais que tentem matá-lo. Bem, vamos abordar essa questão das marcas que existem em um texto, começando com a época cultural em que o texto é escrito e finalizando com os significados que o autor coloca no texto.

A época em que um texto é escrito imprime nele marcas culturais e linguísticas, as quais o leitor não pode simplesmente ignorar ao interpretá-lo. Eco (2001c: 80-81) dá um exemplo muito interessante disso ao comentar a análise que o crítico desconstrutivista Geoffrey Hartman faz do poema *I wander lonely as a cloud*, de William Wordsworth:

> Lembro que, em 1985, durante um debate na Universidade Northwestern, disse a Hartman que ele era um desconstrucionista "moderado" porque se absteve de ler o verso
>
> "A poet could not but be gay"
> ("Um poeta só poderia ser alegre")
>
> como um leitor contemporâneo leria se o verso fosse encontrado na revista *Playboy*. Em outras palavras, um leitor sensível e responsável não é obrigado a especular sobre o que se passou na cabeça de Wordsworth ao escrever aquele verso, mas tem o dever de levar em conta o sistema léxico da época de Wordsworth. No tempo dele, *gay* não tinha nenhuma conotação sexual, e reconhecer este ponto significa interagir com um tesouro cultural e social. [...] se quiser *interpretar* o texto de Wordsworth, terei de respeitar seu pano de fundo cultural e linguístico.

Por mais diferenças culturais que existam entre a época em que o texto é escrito e a época em que é lido, o leitor não pode simplesmente interpretar o que está no texto da forma que quiser. Aliás, poder ele pode, mas sua interpretação terá grandes probabilidades de ser inadequada. Essas marcas culturais estão plasmadas no texto por meio do sentido literal, como o exemplo oferecido por Eco evidencia.

Chierchia (2003: 228-229) expõe sua visão acerca da importância semântica do significado literal para a utilização de metáforas:

> O significado literal, junto com outros fatores presentes no contexto, deve evidentemente entrar no processo que nos leva a compreender o significado pretendido nesse uso. Se não fosse assim, se o significado literal de uma expressão não desempenhasse nenhum papel na compreensão de um uso literal da mesma, não compreenderíamos que critério nos leva a escolher uma expressão em lugar de outra. Portanto, para compreender as metáforas, imagens, figuras de linguagem e coisas do gênero, é preciso passar pelo significado literal.

As palavras de Chierchia e Eco deixam clara a importância do significado literal no processo de construção de significados. É difícil descartar o significado literal desse processo. No entanto, alguns teóricos ainda insistem em negar o significado literal e supõem que um texto não tem significados antes de ser lido.

Ora, supor que não há significados em um texto antes da sua leitura é, no mínimo, curioso: se o texto não tem significados, em que o leitor se baseia para interpretá-lo e produzir sentidos? E uma outra pergunta surge naturalmente: há limites para a interpretação do leitor ou ele interpreta um texto da forma que quiser?

Comecemos a responder a segunda pergunta. Por mais poder interpretativo que possua, o leitor não interpreta o texto da forma que quiser. Há limites para sua interpretação, limites impostos pelas convenções sociais e linguísticas criadas pela comunidade da qual o leitor faz parte, os quais se plasmam nas palavras que o autor coloca no texto. Somente um leitor irresponsavelmente rebelde não respeitará esses limites.

Vejamos um exemplo de interpretação sem limites de um falante-ouvinte rebelde. O simpático personagem criado por Lewis Carroll (2002), Humpty Dumpty, mantém o seguinte diálogo com Alice:

> – Você terá a glória!
>
> – Eu não sei o que você quer dizer com "glória" – retrucou Alice.
>
> Humpty Dumpty sorriu com desdém: "É claro que você não sabe - até que eu diga a você. Eu quis dizer que você terá um belo e incontestável argumento!"

– Mas "glória" não significa "um belo e incontestável argumento" – contestou Alice.

– Quando *eu* uso uma palavra – disse Humpty Dumpty em um tom bastante zombeteiro – ela significa exatamente o que eu quero que ela signifique, nem mais nem menos.

– A questão é – disse Alice – se você *pode* fazer com que as palavras signifiquem tantas coisas diferentes[51].

Humpty Dumpty faz o que quiser, mas um leitor não interpreta um texto como quiser. Um leitor não está autorizado, como o personagem oval, a produzir os significados de forma caótica e desenfreada. Como afirmei em outro lugar (OLIVEIRA, 2004e: 166), "os limites semânticos de Humpty Dumpty são aqueles que ele quiser ter. Já os limites semânticos do leitor, moderno ou pós-moderno, desconstrutivista ou desconstruído, são os significados literais. Desses limites, ninguém escapa. Só Humpty Dumpty".

A possibilidade da produção caótica e desenfreada de significados por parte do leitor é uma conclusão lógica e óbvia que surge a partir da linha de raciocínio que muitos teóricos pós-estruturalistas escolheram seguir. Se os significados das palavras não existem *a priori*, cabendo ao leitor produzi-los a partir de sua interpretação durante o ato de leitura, pode-se concluir, naturalmente, que o leitor dá o significado que quiser às palavras e aos textos. Afinal, ele é o produtor de significados, não é?

Para Humpty Dumpty não há limites semânticos, mas há limites para as interpretações do leitor. E um fator que impõe limites ao leitor é o próprio texto, pois o texto traz os significados literais que o autor nele coloca em consonância com os limites a ele impostos pelas convenções criadas pela comunidade linguística.

É importante ressaltar que o que muitos teóricos pós-estruturalistas chamam de *convenções* são o conjunto de convenções estabelecido por aquilo que Stanley Fish chama de **comunidades interpretativas**, i.e., "conjunto de elementos responsáveis, numa determinada época e numa determinada sociedade, pela emergência de significados aceitáveis" (ARROJO, 2002: 79). Esses teóricos acabam adotando a posição de Fish: no final das contas, nem é o texto nem o leitor quem dá significado ao texto, mas, isto sim, as convenções da comunidade interpretativa da qual o leitor participa. Segundo Fish (2000: 14):

> [...] como os pensamentos que um indivíduo pode pensar e as operações mentais que ele pode realizar têm sua origem em uma ou outra

> comunidade interpretativa, ele é um produto daquela comunidade (agindo como uma extensão dela) tanto quanto o são os significados que ela o possibilita produzir. Com um só golpe, o dilema que fez surgir o debate entre os campeões do texto e os campeões do leitor (dos quais eu certamente tinha sido um) é dissolvido porque as entidades em competição não são percebidas como independentes. [...] os significados e os textos produzidos por uma comunidade interpretativa não são subjetivos porque eles não procedem de um indivíduo isolado, mas de um ponto de vista público e convencional[52].

Essa posição é chamada, muito apropriadamente, por Jonathan Culler (1997), de *monismo radical* pelo fato de tudo ser considerado o resultado de estratégias interpretativas. Culler lembra que a distinção entre texto e leitor, entre objeto e sujeito, é imprescindível quando se fala de uma experiência de leitura, mas tal distinção, para Fish, é eliminada de um só golpe pelas comunidades interpretativas:

> [...] a distinção entre sujeito e objeto é mais resistente do que pensa Fish, e não será eliminada de "um só golpe". Ela reaparece assim que se tenta falar sobre interpretação. Para discutir uma experiência de leitura, é preciso que se tenha um leitor e um texto. Para toda história de leitura é preciso que haja algo com que o leitor se depare, pelo que seja surpreendido, com que aprenda. Interpretação é sempre interpretação de alguma coisa, e esta alguma coisa funciona como objeto em uma relação sujeito-objeto, ainda que possa ser encarada como o produto de interpretações anteriores (CULLER, 1997: 89).

Para que a interpretação de um texto aconteça, não há como não se dissociar o texto do leitor. Quem interpreta, interpreta alguma coisa: há um sujeito e um objeto. Portanto, a posição de Fish, no que diz respeito à ideia de que o texto e o leitor são ambos produtos das interpretações da comunidade interpretativa e, por isso, eliminados "de um só golpe", não se sustenta.

Quanto à questão levantada mais acima acerca do que é interpretado em um texto pelo leitor, é importante observar o seguinte comentário de Culler (1997: 89):

> Tudo é constituído pela interpretação – tanto que Fish admite não poder responder à seguinte pergunta: Atos interpretativos são interpretações *do quê*? (p. 165). Histórias de leituras, no entanto, não deixam essa pergunta sem resposta. É preciso que haja sempre dualismos: um intérprete e algo a interpretar, um sujeito e um objeto, um ator e algo sobre o que ele age ou que age sobre ele.

Se um leitor interpreta um texto, isso acontece porque algo há no texto para ser interpretado e porque o leitor possui conhecimentos prévios que o permitem interpretar esse algo. E esse algo são os significados literais contidos no texto, que são interpretados a partir dos elementos textuais e contextuais que o leitor tem em mãos (e na mente). Se alguém se interessa em conhecer o pensamento de Maquiavel, por exemplo, ele provavelmente lerá *O príncipe*. E por quê? Porque nesse livro estão contidas muitas ideias de Maquiavel. Porque Maquiavel colocou sentido em seu texto.

Isso não significa, porém, que todos os leitores interpretam o texto de Maquiavel da mesma maneira. A forma como suas ideias são interpretadas, a maneira como os sentidos que ele colocou em seu texto são interpretados, pode variar de leitor para leitor, de comunidade interpretativa para comunidade interpretativa, de cultura para cultura. Mas não há como negar que elas estão plasmadas lá no texto. Como lembra Eco (2001a: 50-51): "Se há algo a ser interpretado, a interpretação deve falar de algo que deve ser encontrado em algum lugar, e de certa forma respeitado".

Os teóricos pós-estruturalistas simpatizam muito com a proposta desconstrutivista de Derrida, mas, curiosamente, não percebem como essa proposta assume implicitamente o fato de um texto conter os significados que seu autor nele colocou. Por exemplo, analisemos as seguintes palavras de Kanavillil Rajagopalan (1992: 26):

> Nas mãos de Derrida, a desconstrução se torna uma poderosa arma, um instrumento de capacidade inesgotável, que serve para perfurar um texto até suas entranhas e explorá-las a fim de desenterrar aquele "*ponto cego*" que o autor nunca viu e nem quis ver, e que o texto procura, na medida do possível, acobertar para que ninguém os veja.

As palavras dramáticas de Rajagopalan denunciam um fato: o texto possui significados que só podem ser descobertos (ou "desenterrados", para seguir Rajagopalan), pelo leitor que impõe uma leitura desconstrutivista ao texto, i.e., por um leitor que busque os sentidos ocultos, entranhados, no texto. Bem, essa é uma confissão inquestionável, fornecida por um teórico pós-estruturalista: o texto tem significados mesmo antes de ser lido. O interessante é que esses significados estão ocultos, podendo ser descobertos apenas por aqueles iniciados, que possuem a chave, i.e., a desconstrução, para levantar o véu sob o qual os significados se ocultam. Observe-se a semelhança da posição de Rajagopalan com a de Ingedore Koch (1997: 25) em um dos seus livros sobre linguística textual:

> [...] à concepção de texto aqui apresentada subjaz o postulado básico de que **o sentido não está no texto**, mas se **constrói a partir dele**, no curso de uma interação. Para ilustrar essa afirmação, tem-se recorrido com frequência à metáfora do *iceberg*: como este, todo texto possui apenas uma pequena superfície exposta e uma imensa área imersa subjacente.

A ideia de desvelar algo que está oculto nas entranhas ou nas profundezas geladas ("área imersa subjacente") do texto é muito apropriadamente comparada por Eco (2001a) à busca dos ocultistas e dos religiosos pelos significados que estão ocultos nos textos sagrados. Somente os iniciados possuem a chave para descobrir os significados ocultos no *Zend Avesta*, no *Tao Te King*, na *Tábua de Esmeraldas* e nos *Upanishads*, por exemplo. Similarmente, de acordo com as palavras de Rajagopalan, somente os leitores iniciados possuem a chave, i.e., a leitura desconstrutivista, para desenterrar o que está no texto. Os teóricos desconstrutivistas merecem, pois, o título de "Seguidores do Véu", a eles conferido por Eco.

Mas, afinal, o que estaria oculto nas entranhas ou o que seria a parte submersa do *iceberg* senão os significados literais existentes no texto? Eco (2001b: 63) lembra que Dante já falava de significados literais e não literais que existiam em seus textos: "Notem que Dante foi o primeiro a dizer que sua poesia transmitia um sentido não literal, a ser detectado 'sotto il velame delli versi strani', além e debaixo do sentido literal. Mas Dante não só afirmou isso como também forneceu as chaves para a descoberta dos sentidos não literais".

O que é importante diferenciar aqui é (1) o significado lexical das palavras que compõem um texto e (2) o sentido que um leitor constrói a partir da leitura que impõe a um texto. Este é construído pelo leitor a partir dos conhecimentos prévios que ele traz para o ato da leitura, os quais são constituídos por seus conhecimentos enciclopédicos, textuais e linguísticos. Os significados lexicais literais são parte do conhecimento linguístico do leitor, assim como são parte dele os significados gramaticais. Se o leitor carece de algum desses conhecimentos, ele terá dificuldades para construir um sentido para um determinado texto.

Dessa forma, pode-se afirmar que um texto não tem sentido antes de ser lido, se "sentido" for entendido aqui como um sentido criado pelo leitor. Contudo, não se pode extrapolar e afirmar que as palavras que compõem um texto, nele colocadas pelo seu autor, não têm significado antes de serem lidas. É nessa extrapolação que reside o problema. Afinal, as palavras que compõem um texto possuem sentido antes mesmo de o texto ser lido; do contrário, o autor não as teria colocado em seu texto.

E.D. Hirsch tem uma posição interessante e coerente a respeito do sentido do texto e da relação entre o texto e o leitor. Segundo Culler (1997: 91-92s.),

> [...] Hirsch afirma que a atividade da interpretação depende da distinção de um sentido que está no texto (porque o autor o colocou aí) e uma significância que é fornecida. "Se um intérprete não considerasse que o sentido do texto está *ali* como uma ocasião para contemplação ou aplicação, ele não teria nada para pensar ou falar a respeito. Seu estar ali, sua autoidentidade de um momento ao outro, permite que seja contemplado. Assim, enquanto sentido é um princípio de estabilidade, significância traz um princípio de mudança" (p. 80). Para Hirsch, a indispensabilidade dessa distinção é confirmada pelo desejo de seus oponentes de afirmar que ele os interpretou mal e, portanto, que seus trabalhos efetivamente têm sentidos estáveis diferentes da significância que os intérpretes poderiam lhes dar.

Na verdade, toda essa discussão a respeito do leitor e do texto gira em torno da questão do controle: é o texto que controla o leitor ou o leitor que controla o texto? Para alguns, o texto é dominado pelo leitor; para outros, é o texto que domina o leitor. Essa luta entre o poder do texto e o poder do leitor é chamada por Eco de dialética entre os direitos dos textos e os direitos de seus intérpretes. Para Eco (2001a: 27), "no decorrer das últimas décadas, os direitos dos intérpretes foram exagerados".

Há teóricos que, em um momento, acham que o leitor é o dominante e, noutro momento, acham que o texto passa a dominar o leitor. Culler (1997: 86) lembra que Fish revelou também oscilar entre uma posição e outra ao afirmar, a respeito de um de seus textos, que "o argumento em *Literature in the Reader* é levantado (ou assim é anunciado) a favor do leitor e contra a autossuficiência do texto, mas em seu decurso o texto torna-se cada vez mais poderoso e, em vez de ser libertado, o leitor se percebe mais constrangido em sua nova preeminência do que antes".

E o que Fish faz em sua indecisão? Ele radicaliza e acaba por eliminar o texto e o leitor em função do poder que a comunidade interpretativa tem de determinar tanto o texto quanto o leitor, como já foi mencionado mais acima. Entretanto, Culler

(1997: 86) não deixa de comentar um ponto importante: se o leitor é quem cria tudo, ele não aprende nada, mas um leitor que "está continuamente se deparando com o inesperado pode fazer descobertas significativas e perturbadoras. Quanto mais uma teoria salienta a liberdade, o controle e a ação constitutiva do leitor, mais provável é que leve a histórias de encontros e surpresas dramáticos, que retratam a leitura como um processo de descobrimento". O leitor, portanto, cria significados e também descobre significados a partir da leitura que realiza de um texto.

Eagleton (1998: 35) lembra que o pós-modernismo, ao mesmo tempo em que é libertário, determinista, sonha com um "sujeito livre de limitações, deslizando feito um desvairado de uma posição a outra, e sustenta simultaneamente que o sujeito é o mero efeito do conjunto de forças que o constituem". Ainda segundo Eagleton (1998: 89),

> [...] o sujeito pós-moderno é, paradoxalmente, ao mesmo tempo "livre" e determinado, "livre" *porque* constituído até a alma por um conjunto difuso de forças. Nesse sentido, ele é simultaneamente mais e menos livre que o sujeito autônomo que o precedeu. Por outro lado, a tendência culturalista do pós-modernismo pode levar a um autêntico determinismo: o poder, o desejo, as convenções ou as comunidades interpretativas nos moldam, sem que possamos evitá-lo, a comportamentos e crenças específicas.

Vale a pena ver um comentário de Eco (2001a: 49) sobre o texto *Mercury: or the Secret and Swift Messenger*, de John Wilkins. Nesse texto, há uma carta que uma pessoa escreve para outra, explicando que está enviando uma determinada quantidade de figos em uma cesta por intermédio de um escravo índio. Eco especula a respeito de como essa carta seria interpretada se fosse colocada em uma garrafa, jogada ao mar e encontrada por um linguista ou um semioticista, que levantaria hipóteses a respeito dos figos mencionados na carta. Uma dessas hipóteses seria:

> Os figos podem ser entendidos (ao menos hoje) num sentido retórico (em expressões como *to be in good fig* [estar em boa forma], *to be in full fig* [estar em plena forma], *to be in poor fig* [estar em más condições]), e a mensagem poderia comportar uma interpretação diferente. Mas, mesmo neste caso, o destinatário se apoiaria em certas interpretações convencionais preestabelecidas de "figo" que não são as mesmas, digamos, de "maçã" ou "gato".

Observe-se que Eco fala em "interpretações convencionais preestabelecidas". Por mais que os teóricos pós-estruturalistas defensores do superpoder do leitor insistam em afirmar que *figo* pode ser interpretado como uma miríade de coisas diferentes, eles não podem fugir do fato de que *figo* não é a mesma coisa que *abóbora* ou *unicórnio*, por exemplo. Em outras palavras, esses teóricos têm que partir do significado lexical literal, preestabelecido pela comunidade de falantes de português, o qual diferencia o significado do lexema *figo* do significado dos outros lexemas da língua portuguesa. Nenhum usuário da língua escapa desse contraste.

A reflexão de Eco é bastante esclarecedora, pois nos remete à questão da relação entre possibilidades de interpretação e gêneros textuais a serem interpretados. Um texto literário propicia um ritual de interpretações que um texto não literário não propicia. Um manual técnico sobre como usar uma máquina industrial de alta tecnologia e de preço elevado importada do Canadá, por exemplo, não deve ser interpretado de uma maneira por um funcionário e de outra maneira por outros funcionários, senão a máquina pode até ser danificada.

O dicionário é uma evidência interessante da estabilidade dos significados lexicais. Ora, o que é o dicionário senão uma lista de palavras fora de um contexto situacional com seus significados literais? Alguns podem tentar argumentar que muitos dicionários modernos trazem exemplos com o contexto sentencial no qual a palavra tem um determinado significado. Isso, entretanto, não apaga dois fatos: (1) há muitos dicionários que não trazem exemplos e que são usados por muitas pessoas, principalmente os dicionários compactos, que não possuem espaço para exemplos; (2) os exemplos dados nos dicionários modernos são sempre sentenças isoladas, sem qualquer informação acerca do contexto no qual foram usadas, o que as qualifica como sentenças descontextualizadas. Mesmo assim, todos os teóricos, inclusive os que resistem à ideia de significado literal, usam dicionários. Como lembra Ullmann (1957: 64), "nenhum dicionário poderia existir sem um elemento de permanência e estabilidade, um tipo de núcleo duro ou 'fortificação interior' dentro da área do significado"[53].

É bom ressaltar que os significados não estão no dicionário por causa da inventividade ou decisão *ad hoc* do lexicógrafo. Eles são o resultado das convenções estabelecidas pela comunidade linguística ao longo de sua história, podendo, obviamente, ser modificados pela própria comunidade com o passar do tempo.

Henri Béjoint lembra uma definição de dicionário de L. Zgusta (apud BÉJOINT, 2000: 9) que deixa isso bem claro:

> Um dicionário é uma lista sistematicamente arrumada de formas linguísticas socializadas compiladas dos hábitos da fala de uma determinada comunidade linguística e comentada pelo autor de tal forma que o leitor qualificado entenda o significado... de cada forma separada, e seja informado dos fatos relevantes a respeito da função daquela forma na sua comunidade[54].

Um argumento que alguns teóricos usam para tentar derrubar a ideia de que o significado lexical literal existe é o de haver a necessidade de uma palavra ocorrer num contexto para que se possa determinar seu significado. Professores de línguas costumam ouvir perguntas sobre o significado das palavras, o que não é usual para os falantes-ouvintes nativos de uma determinada língua (que não são linguistas nem professores). Por exemplo, quando um brasileiro pergunta a outro brasileiro o que uma determinada palavra do português significa, muito provavelmente essa palavra tem uma baixa frequência de ocorrência no português e não faz parte do vocabulário ativo nem do vocabulário passivo desse falante. E se o outro falante pede o contexto em que a palavra ocorreu para responder a pergunta, é porque seu vocabulário ativo e passivo também não inclui essa palavra, o que o leva a recorrer a um exercício de adivinhação contextual e cotextual, muito comum em ensino de línguas estrangeiras.

Imagine-se, agora, um brasileiro que inicia seus estudos de inglês aqui no Brasil e que pergunta ao seu professor: "O que significa *mother*?" É extremamente improvável imaginar que o professor peça ao aluno que forneça o contexto em que a palavra ocorreu para que ele possa dar o significado de *mother*, por menor que seja o conhecimento de inglês desse professor.

Mas se o aluno perguntar ao professor o significado de uma palavra que o professor não conhece, ele pode pedir ao aluno para fornecer o contexto e o cotexto em que encontrou a palavra para tentar adivinhar o seu significado. É uma estratégia que funciona algumas vezes. Por exemplo, se um aluno perguntar ao professor o significado da palavra *jagged*, e o professor não souber o que essa palavra significa, ele pede ao aluno que forneça o contexto, o que é feito pelo aluno: "Eu vi numa música da Alanis Morissette. O verso é o seguinte: 'What a jagged little pill'". Bem, talvez agora o professor consiga fornecer o significado de *jagged*. Ou talvez precise de toda a letra da música para tentar fornecer seu significado. E se ainda assim o professor não conseguir? Ele terá que ir a um dicionário para entender o significado de *jagged* para poder não só fornecer o significado da palavra como entender o verso em que ela se encontra. Sem saber o significado literal de *jagged*, não dá para entender o significado da frase inteira. E, nesse caso, o contexto não ajuda de forma decisiva no sentido de se adivinhar o significado da palavra – ele ajuda a escolher qual significado de *jagged*, se houver mais de um no dicionário, é o mais apropriado naquela frase.

Uma evidência da existência do significado lexical literal, a qual parece incomodar os pós-estruturalistas de plantão, é fornecida pelos testes de inteligência, como os feitos pelo Mensa (clube dos gênios), e os exames de aptidão acadêmica, como o GRE *General Tests*. (Não vou julgar aqui a validade avaliativa desses testes. Vou me concentrar na questão semântica subjacente a uma das partes do GRE.)

Todos esses testes incluem questões sobre vocabulário que envolvem palavras isoladas que precisam ser analisadas quanto ao seu significado. Por exemplo, uma das três partes do GRE, que é elaborado para estudantes interessados em ingressar em um curso de pós-graduação nas maiores universidades americanas, sejam eles americanos ou não, chama-se *Verbal Ability* (Habilidade Verbal). Esta seção do GRE parte do pressuposto de que raciocinar eficazmente por meio verbal depende da habilidade para discernir, compreender e analisar relações entre palavras e grupos de palavras e relações dentro de unidades maiores do discurso, tais como sentenças e passagens escritas. Aqui estão dois exemplos de um tipo de questão da seção *Verbal Ability* (GRADUATE RECORD EXAMINATIONS BOARD, 1994: 150) em que se pede que o estudante escolha a palavra que é o oposto mais aproximado possível de uma outra palavra dada:

34. LAMBASTE	35. VISCID
a) permit	a) bent
b) prefer	b) prone
c) extol	c) cool
d) smooth completely	d) slick
e) support openly	e) slight

Esse exemplo leva a uma pergunta inevitável: como pensar em relações de significação entre palavras isoladas? A resposta parece igualmente inevitável: porque essas palavras possuem significado literal. Se elas não tivessem significado literal, seria impossível pensar nessas relações e não seria possível responder essas questões.

E não adiantaria, para os teóricos que negam o significado literal e que estejam interessados em fazer seu curso de doutorado nos Estados Unidos, tentar convencer uma universidade da *Ivy League* de que esse tipo de teste é semanticamente inadequado, argumentando que não há um contexto que os ajudem a determinar o significado dessas palavras. Se eles se recusassem a fazer o teste por serem contrários ao pressuposto teórico subjacente àquele tipo de questão, eles não poderiam ingressar na universidade. Contudo, eles poderiam continuar com sua crença acerca da inexistência do significado literal.

Veja-se o seguinte comentário de Catherine Kerbrat-Orecchioni, citado por Beth Brait (1996: 61), a respeito da frequência de ocorrência de expressões como *ironia da história, ironia da atualidade, ironia do destino* e *o que é particularmente irônico*: "a autora assinala que, mesmo recaindo a tônica da perspectiva linguística sobre a ironia verbal, não se pode negar a presença dessas expressões, aspecto que dimensiona sua existência e consequentemente a necessidade de o linguista estar atento a elas". Da mesma forma, a frequência de ocorrência de expressões como *literalmente* e *ao pé da letra* dimensionam a existência do significado literal e pedem para que o linguista esteja atento a ele.

Não dá para negar o significado literal. Como diz Eco (2000: xvii-xviii):

> [...] dentro dos confins de uma língua determinada, existe um sentido literal das formas lexicais, que é o que vem arrolado em primeiro lugar no dicionário, ou então aquele que todo cidadão comum elegeria em primeiro lugar quando lhe fosse perguntado o que significa determinada palavra. Assumo, portanto, que o homem comum diria em primeiro lugar que um figo é um tipo de fruta assim e assado. Nenhuma teoria da recepção poderia evitar essa restrição preliminar. Qualquer ato de liberdade por parte do leitor pode vir *depois* e não *antes* da aplicação dessa restrição.

Eco ilustra essa questão com uma carta que Derrida lhe enviou, em 1984, pedindo-lhe que escrevesse uma carta de apoio para ajudar a formar um *Collége International de Philosophie*. Eco (2000: 11) comenta que

> [...] é óbvio que a carta de Derrida teria podido assumir para mim outros significados, estimulando-me a fazer suspeitosas conjecturas sobre o que ele queria "dar-me a entender". Mas qualquer outra inferência interpretativa (por mais paranoica que fosse) ter-se-ia baseado no reconhecimento do primeiro nível de significado da mensagem, o literal.

Esse primeiro nível de significado, ao qual Eco se refere, é o significado literal, a partir do qual um leitor faz interpretações. Ducrot (1977), ao falar da implicitação na língua, afirma que a significação implícita de um enunciado só pode ser captada após sua significação literal ter sido apreendida. Fish demonstra uma opinião semelhante à de Eco ao falar do argumento que havia elaborado para explicar como leitores diferentes interpretam um texto da mesma forma. Para Fish (2000: 5), há um nível de experiência que todos os leitores compartilham, independentemente de diferenças culturais ou educacionais:

> Este nível foi concebido mais ou menos sintaticamente, com uma extensão da noção chomskyana de competência linguística, um sistema linguístico que todo falante nativo compartilha. Eu cheguei à conclusão de que, se os falantes de uma língua compartilham um sistema de regras que cada um deles, de alguma forma, internalizou, o entendimento será, em algum sentido, uniforme[55].

Diante do exposto até aqui, é necessário tentar-se entender a má vontade de alguns teóricos para com o *status* teórico do significado literal. A resistência que eles têm em admitir um fato tão óbvio quanto o significado literal só é compreensível se for percebida como um comportamento reativo radical a posicionamentos teóricos igualmente radicais, como o estruturalismo saussureano e chomskyano, que eliminam o contexto social, cultural e histórico de suas análises. Daí resulta o fato de alguns teóricos pós-estruturalistas serem chamados de "shiitas" devido ao seu radicalismo. Contudo, não se pode minimizar a importância do pensamento radical de teóricos pós-estruturalistas: ele contribuiu para aprofundar-se a reflexão acerca dos direitos do leitor, do texto e do autor e acerca da produção de significados.

Eagleton (1998: 34-35) faz uma crítica interessante ao radicalismo do pós-modernismo, do qual o pós-estruturalismo muito se aproxima: "Apesar de toda a sua tão alardeada abertura para o Outro, o pós-modernismo pode se mostrar quase tão exclusivo e crítico quanto as ortodoxias a que ele se opõe". E complementa: "Trata-se de uma heterodoxia de todo ortodoxa, que como qualquer forma imaginária de identidade precisa de seus bichos-papões e alvos imaginários para manter-se na ativa".

Talvez Eagleton esteja certo. Talvez os pós-modernos precisem de seus bichos-papões, como o significado literal e os dualismos, por exemplo. O problema é que há uma tendência à exclusão nos estudos da linguagem de se discutirem muitas questões em termos de "OU isso OU aquilo" ao invés de "isso E aquilo". Formalismo ou funcionalismo? Tradução pós-estruturalista ou tradução tradicional? Sentido literal ou sentidos criados pelo leitor? A fonte de significados é o leitor ou o texto? Conforme afirmei em outro texto (OLIVEIRA, 2003: 103), "o fato de paradigmas serem diferentes, como o formalismo e o funcionalismo, não implica necessariamente que eles tenham de ser excludentes".

Encerro este capítulo com uma provocação inteligente de Eco (2000: xxi): "quem sustenta que dos textos não se extrai um significado que seja subjetivamente comunicável, esse irrita-se muito quando alguém não aceita sua proposta, e queixa-se de não ter sido compreendido. Vem-nos aqui à mente o paradoxo de Smullyan: 'Sou solipsista, como todos'".

8
Semântica e ensino

Não poderíamos deixar de falar um pouco sobre a questão da abordagem dos fenômenos semânticos no ensino de português. Até há pouco tempo, esses fenômenos não tinham muito espaço nos livros didáticos. Dá para se imaginar que o espaço a eles dedicado nas aulas também não era lá muito grande. Hoje, porém, já se começa a perceber uma mudança de atitude por parte de alguns autores de livros didáticos de português em relação aos fenômenos do significado no sentido de dedicarem mais atenção a questões semânticas. Isso é muito importante diante do fato de os fenômenos semânticos serem parte integrante das nossas vidas. Assim, neste capítulo, comentaremos a respeito de algumas questões semânticas no contexto da sala de aula.

Comecemos falando de **campos associativos, leitura e produção textual**. Não custa lembrar o que é um campo associativo: grupo de palavras relacionadas entre si por razões extralinguísticas. Os campos associativos revelam-se uma técnica interessante para auxiliar o estudante na preparação para a leitura e para a escrita.

A linguística textual já demonstrou que ler e escrever não são atos exclusivamente linguísticos. Eles envolvem conhecimentos textuais e conhecimentos enciclopédicos também. Por essa razão, ajudar o estudante a construir sentidos a partir de uma leitura ou a partir da redação significa ajudá-lo a construir conhecimentos linguísticos, textuais e enciclopédicos.

A fase de pré-leitura e a fase de pré-escrita são determinantes para a atividade de leitura e de escrita, respectivamente, porque elas ajudam a ativar os *scripts* (esquemas) mentais do estudante que o permitem lidar melhor com os assuntos a serem abordados no texto.

Vale observar que *scripts* mentais são estruturas linguísticas e culturais que construímos e armazenamos em nossa memória ao longo da nossa vida. Por exemplo, ao falarmos de funeral, imediatamente esquemas mentais são ativados em nós que nos fazem associar palavras e situações a funeral: velas, flores, cemitério, missa, defunto, caixão, choro, tristeza. Tais associações são resultantes dos nossos esquemas mentais, que nos permitem compreender e produzir textos com mais facilidade ou com menos dificuldade.

Vejamos um exemplo para uma aula de português. Imagine-se a seguinte situação: uma professora escolhe "poluição e o futuro da humanidade" como tema para uma redação. Na fase de pré-redação, a professora precisa realizar uma atividade para auxiliar seus alunos a organizarem suas ideias e a ativar seus esquemas mentais. Uma atividade possível é a construção colaborativa de um campo associativo. No centro do quadro-negro (que geralmente é verde, azul ou branco!), a professora escreve a palavra *poluição* e linhas irradiando a partir dela, de uma forma parecida com a exemplificada abaixo:

Em seguida, a professora pede aos estudantes que pensem em palavras ou frases relacionadas com a palavra *poluição*, auxiliando-os se necessário e propondo novas palavras, estabelecendo uma discussão sobre o tema. O campo associativo pode ficar com a seguinte estrutura:

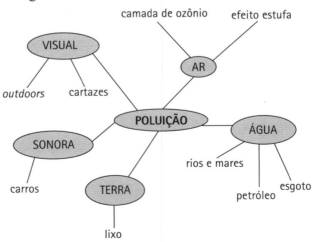

Após a elaboração do campo associativo e a discussão a respeito de suas ramificações espera-se que os *scripts* mentais dos estudantes relacionados ao tema estejam ativados, permitindo-lhes iniciar a produção do texto. Observe-se que cada uma das ramificações principais que partem do centro, destacadas em cinza, podem servir de base para um parágrafo no texto dos estudantes. O mesmo campo associativo pode ser usado como uma atividade de pré-leitura.

O uso de campos associativos para a produção textual e para a leitura é útil em qualquer nível de ensino, desde o ensino fundamental até a pós-graduação. Seria interessante você ver a forma textual que um campo associativo toma. Para isso, você pode acessar o site <http://www.senac.br/informativo/BTS/301/boltec301b.htm>, onde se encontra o texto "Mapeamento semântico do turismo sustentável (arquitetando um novo país)" (OLIVEIRA, 2004a), publicado no Boletim Técnico do Senac. Depois, experimente usar campos associativos em suas aulas e em suas produções textuais.

Parte integrante da competência de leitura e da competência redacional do estudante é reconhecer o fato de as palavras poderem expressar posições ideológicas, opiniões e sentimentos. Há palavras aparentemente neutras, que parecem não implicar posições ideológicas, opiniões ou sentimentos. Entretanto, há palavras que claramente estão longe de serem neutras.

Eis um exemplo para ilustrar esse ponto. Em 26 de junho de 2007, cerca de 1.500 pessoas, entre ela trabalhadores rurais, índios e membros do Movimento dos Sem-Terra protestaram contra a transposição do Rio São Francisco. No dia seguinte, os dois principais jornais de Salvador divulgaram as seguintes manchetes sobre esse mesmo evento:

Correio da Bahia: "Trabalhadores invadem fazenda e barram transposição".

A Tarde: "Sem-Terra ocupam fazenda para protestar contra transposição".

A posição de cada jornal a respeito desse evento fica implícita na palavra escolhida: o *Correio da Bahia* mantém uma posição contrária enquanto o *A Tarde* não quer se comprometer. Em 2006, o *A Tarde* divulgou a seguinte notícia: "Bush pedirá US$ 70 bi para gastar com ocupação". A escolha das palavras não é ingênua, afinal, muitas pessoas, como eu, sabem que o que houve no Iraque foi uma invasão imperialista e não uma ocupação.

Exemplos como esses podem ser usados em aula para levar os estudantes a refletirem sobre o poder expressivo das palavras. Eis alguns grupos de palavras que podem ser apresentados aos estudantes para que eles analisem as implicações da escolha de um vocábulo em detrimento de outro(s):

a) gastar – esbanjar – investir
b) magro – esbelto – esquelético – seco
c) jogador – craque – perna-de-pau
d) carro – automóvel – máquina – arabaca – calhambeque
e) casa – mansão – palácio – palacete – cafofo
f) surfista – fera – barnei
g) povo – povinho – povão
h) gente – gentinha – gentalha
i) homem – garanhão – cachorro
j) mulher – piranha – moça

Observe-se que as palavras anteriores formam grupos de **sinônimos**. São semelhantes, mas diferentes. As diferenças entre elas marcam as diferenças de uso e de estilo. Algumas são mais informais, como *perna-de-pau* e *povão*; outras, mais formais, como *automóvel*. Algumas refletem preconceitos, como *piranha*; outras parecem ser mais neutras, como *gastar* e *casa*.

Os estudantes geralmente sabem o que são sinônimos. Mas isso só não basta. Eles precisam saber que não existem sinônimos perfeitos. Essa inexistência acarreta implicações importantes para a produção textual, pois há diferenças entre os sinônimos. Portanto, um ponto essencial a ser trabalhado em sala de aula é a conscientização dos estudantes acerca das diferenças existentes nas semelhanças de significado para que eles possam escolher as palavras adequadas para contextos diferentes. Aliás, a respeito da escolha de sinônimos, Ullmann (1964: 312-313) faz um esclarecimento importante:

> [...] se se dispõe de mais que uma palavra para a expressão de uma mesma ideia, o escritor escolherá aquela que se adapte melhor ao contexto: que forneça a quantidade necessária de emoção e ênfase, a que se acomode mais harmoniosamente à estrutura fonética da oração, e que esteja mais apropriada ao tom geral do conjunto.

Uma atividade que pode ser realizada em sala de aula para auxiliar a despertar a consciência dos alunos a respeito da escolha entre sinônimos é a seguinte: apresentam-se grupos de sinônimos e pede-se aos alunos para determinar em que contextos os sinônimos podem ser usados e quais as diferenças de significado entre os membros de cada grupo em termos de sentimentos, preconceito e registro. Eis alguns grupos de sinônimos:

> 1) bicicleta – camelo – *bike*
> 2) cachorro – cão – cadela – cachorra – cholinha – totó – au-au
> 3) dinheiro – grana – recursos – gaita – verdinhas
> 4) comer – almoçar – jantar – beliscar – engolir – devorar – lanchar
> 5) lésbica – homossexual – sapatão
> 6) morrer – desencarnar – bater as botas – partir dessa pra uma melhor – falecer

Não podemos nos esquecer de refletir sobre uma questão importante. Geralmente aprendemos na escola que a repetição de palavras para expressar uma mesma ideia em um texto não é um bom estilo e somos estimulados a usar sinônimos. Entretanto, precisamos estar alertas para as diferenças de significado, já que não há sinônimos perfeitos. Como alerta Ullmann (1964: 314):

> [...] o uso de outro termo pode facilmente sugerir que o significado também é ligeiramente diferente, e isso pode conduzir à ambiguidade e ao erro. Sempre que haja tal risco, o bom estilista pesará cuidadosamente os prós e os contras do emprego da mesma palavra, e, se não houver alternativa apropriada, não hesitará em repeti-la em lugar de distorcer o seu pensamento.

É um ótimo alerta, né? E quanto aos **antônimos**? Quando eu estava na escola, aprendi que antônimos são palavras com significados opostos. Entretanto, como vimos no capítulo 4, existem três tipos de antonímia ou oposição semântica: a oposição gradual, que ocorre apenas com adjetivos; a oposição contraditória, que ocorre com adjetivos, nomes e verbos; e a oposição conversa, que ocorre com verbos, preposições e nomes.

Assim, para que os alunos se conscientizem desses tipos de antonímia, eles precisam ser informados a respeito. Além disso, uma atividade que os faça refletir ajuda no processo de conscientização sobre esse fenômeno semântico. Uma atividade possível é fornecer-lhes uma lista com pares de palavras para que eles os agrupem de acordo com o tipo de antonímia. Eis alguns pares de antônimos:

> novo – velho
> vida – morte
> falar – ouvir
> bom – mau
> acordado – adormecido
> tio – sobrinho
> baixo – alto
> ligado – desligado
> antes – depois
> comprar – vender
> caro – barato
> certo – errado
> abaixo – acima
> ir – ficar
> largo – estreito
> patrão – empregado
> aluno – professor

Conscientes da existência de diferentes tipos de antonímia, os alunos podem agora refletir sobre a questão estilística do uso dos antônimos. Uma delas é o uso de adjetivos que formam antônimos contraditórios em comparações e em construções aparentemente contraditórias. Por exemplo, afirmar que uma pessoa está mais ou menos viva não faz sentido. Entretanto, esse tipo de construção pode ser usada com fins estilísticos. Observem-se as seguintes sentenças:

> k) Raul Seixas está <u>mais vivo</u> do que nunca.
> l) Não sei quem é <u>mais errado</u>: você ou ela.
> m) Não se preocupe. <u>Irei</u> para a Europa, <u>mas ficarei</u> aqui do seu lado.

Sentenças como essas podem ser usadas como fonte de exploração e questionamento para os estudantes a respeito de seus significados e dos contextos em que elas podem ocorrer. No processo de interpretação das sentenças e compartilhamento de suas interpretações com os colegas e o professor, os estudantes vão ampliando sua conscientização a respeito do uso de antônimos.

Outra questão que precisa ser trabalhada na sala de aula é a **vaguidade** causada pelo uso de adjetivos que formam antônimos graduais. Vejamos um exemplo em que um usuário do português tenta evitar a vaguidade causada por um adjetivo gradual, mas não consegue dela escapar. Em 11 de setembro de 2006, durante a transmissão do jogo entre Santos e Flamengo pelo Campeonato Brasileiro, o narrador da Rede Globo, Cléber Machado, fez o seguinte comentário sobre um jogador do Flamengo: "E é um dos pontos fortes do Souza. O chute a meia distância. De longe. Bem, não tão looonge assim". Deu para entender o que ele quis dizer com "longe"? Parece que o jogador chuta mais de perto do que de longe, né?

Os alunos precisam ser alertados para essa característica dos adjetivos graduais para que possam saber evitar ou causar vaguidade conscientemente. Em determinados tipos de texto, como relatórios que descrevem experimentos ou visitas técnicas e monografias, a vaguidade deve ser evitada. Por outro lado, em textos literários, jornalísticos e publicitários, a vaguidade pode se revelar uma ferramenta estilística interessante.

Uma atividade que pode ser feita com os estudantes é a análise de manchetes e matérias jornalísticas que contêm adjetivos desse tipo. Na edição de 24 de junho de 2007 do jornal *A Tarde*, li a seguinte manchete: "Segurança é precária na orla de Salvador". Imaginei que se tratava de segurança precária no sentido da falta de policiamento provocar assaltos e furtos na orla, mas, ao começar a ler a matéria, descobri que se tratava da falta de salva-vidas nas praias. Fui levado a interpretar a manchete partindo do adjetivo *precária* como sendo o ponto-chave (a precariedade da segurança) e não percebi que *segurança* é que estava causando problema ali. Na edição de 12 de junho de 2007, lê-se no mesmo jornal a seguinte manchete: "Anistia da dívida de grandes empresas chega a R$ 302 mi". O que é uma grande empresa? A matéria continua falando de empresas de grande porte, mas não esclarece o que é uma empresa grande.

Bem, um outro ponto importante a ser abordado em sala de aula é a habilidade de redigir definições, a qual os alunos precisam desenvolver. É comum ouvir a expressão *é quando* sendo usada para definir alguma coisa. Por exemplo, "divórcio é quando marido e mulher se separam oficial e definitivamente" ou "infarto é quando a coronária entope e não deixa o sangue passar". Na oralidade, isso é muito natural. Entretanto, em textos acadêmicos, o estudante precisa escrever definições com mais cuidado. Nesse sentido, conhecer o significado das palavras ou do termo teórico é essencial. E isso passa pela questão dos **protótipos**, que abordamos no capítulo 5.

Abordando os protótipos de uma forma menos técnica, mais próxima do sentido que lhe dá a linguagem corrente, Richard Hudson (1995: 25) lembra que "o que uma definição define não é a palavra, mas um dos seus sentidos, que é um protótipo. [...] Quando definimos uma bicicleta, nós estamos falando de uma bicicleta típica, e não de cada objeto que poderíamos concordar em chamar de bicicleta". Esse lembrete é importante. Quando consultamos um dicionário, o que encontramos ali são definições prototípicas dos significados das palavras. Pensemos em aves. O que é uma ave? Se eu definisse ave como "um animal que voa, põe ovos e tem bico", você aceitaria, não é? Afinal, a imagem típica (o protótipo) de ave que vem à cabeça das pessoas é essa. Se eu pedisse a alguém que me desse um exemplo típico de ave, seria improvável ouvir a pessoa dizer automaticamente "avestruz", "ema" ou "galinha", pelo fato de serem aves que não voam, o que vai de encontro ao protótipo de *ave*.

A importância da definição, no universo acadêmico e científico, é revelada no momento em que se utilizam conceitos científicos. Borges Neto (2004b: 47) esclarece esse ponto, contrastando a fluidez dos conceitos usados na vida cotidiana e os conceitos científicos:

> [...] os conceitos científicos procuram escapar da fluidez característica dos conceitos da vida cotidiana por meio de tentativas de definição em termos de traços necessários e suficientes. Por essa razão, os botânicos não fazem uso do conceito de *fruta*, mas sim do conceito de *fruto*, *infrutescência*, etc. O tomate é um *fruto*; o morango e o abacaxi são *infrutescências*.

Por isso, é necessário que os estudantes exercitem a habilidade de construir definições. Eis uma atividade que ajuda os estudantes. O professor divide a turma em duplas e fornece um cartão a cada membro da dupla. Cada estudante possui um cartão com palavras diferentes. A tarefa de cada um é redigir a definição de cada palavra para, em seguida, ler as definições para o colega adivinhar que palavra é aquela. O colega anota a palavra que acredita ser a que foi definida e, no final, compara suas respostas com as palavras no cartão do colega. Os cartões poderiam conter as seguintes palavras:

ESTUDANTE A

1) chimpanzé
2) jaca
3) beterraba
4) bolo
5) vinho
6) divórcio
7) *ferry*
8) inflação
9) rinoceronte
10) alicate

ESTUDANTE B

1) orca
2) nau
3) infarto
4) tubaína
5) cenoura
6) graviola
7) recessão
8) hipopótamo
9) pudim
10) ancinho

Essa é uma atividade divertida que leva os estudantes a se conscientizarem da dificuldade que eles têm em definir termos. Para se ter uma ideia do que acontece, vejamos alguns exemplos de definições produzidas e as respostas geradas por estudantes do Curso de Letras Vernáculas da UEFS. A palavra a ser definida está em negrito; a definição fornecida está em caixa baixa, as respostas dos estudantes estão em versal e as interrogações indicam que não houve resposta para a definição. O que você acha das definições?

CHIMPANZÉ:
- um tipo de macaco: GORILA
- uma espécie de macaco: MICO
- macaco dócil e brincalhão: CHIMPANZÉ
- animal peludo de grande porte, cujo "parente" julgam ser o homem antes da evolução, segundo a teoria do *homo sapiens*: MACACO

DIVÓRCIO:

• separação de forma legal que pode ocorrer entre um casal que não quer mais o matrimônio: DIVÓRCIO

• separação de um casal legalmente casado: DIVÓRCIO

• situação que o casal que não quer mais ficar junto após o casamento procura: DIVÓRCIO

• processo legal de separação de casais: DIVÓRCIO

JACA:

• fruta tropical originária da América Tropical e da Índia Ocidental.

• fruta grande, composta de bagos, com aparência amarelada e espinhenta, que pode ser dura ou mole: JACA

• fruta grande, viscosa, come-se os bagos, pode ser dura ou mole: JACA

• é uma fruta em gomos que pode ser dura ou mole: JACA

FERRY:

• primeira palavra de uma palavra estrangeira composta, usada para designar uma espécie de navio grande, com capacidade para muitas pessoas e com estrutura interna de lanchonetes, banheiros e TV, cadeiras, etc. Possui dois andares, sendo o primeiro estacionamento de carros: ???

• espécie de embarcação marítima: NAVIO

• meio de transporte marítimo: NAVIO

• meio de transporte náutico que faz travessias entre os continentes e as ilhas, levando pessoas e veículos: FERRY

VINHO:

• bebida alcoólica feita de uvas: VINHO

• bebida de cor avermelhada, muito apreciada, podendo ser tinto, seco, branco; é alcoólico e costuma deixar as pessoas logo bêbadas e a ressaca é horrível: VINHO

• bebida feita tradicionalmente com uva, passa por um processo de fermentação, precisa ser guardada por um tempo para depois ser ingerida: VINHO
• bebida de Baco: VINHO

ALICATE:
• instrumento utilizado pelas manicures para retirar cutículas: ALICATE
• objeto metálico utilizado para tirar cutículas de unhas: ALICATE DE UNHA
• instrumento que tem suas extremidades abertas e é produzido para várias finalidades: para manicures, eletricistas, produtoras de bijuterias, etc.: ALICATE
• instrumento utilizado por eletricistas para cortar fios: ALICATE

BETERRABA:
• raiz comestível de cor vermelha, muito indicada para curar ou amenizar anemias: BETERRABA
• verdura de casca fina (marrom) e de um vermelho encorpado, pode ser consumida crua ou cozida (nunca frita): BETERRABA
• é um tubérculo roxo: BETERRABA
• verdura que mais parece uma raiz; ela é roxa e solta uma tinta cor de vinho: BETERRABA

TUBAÍNA:
• bebida gaseificada com sabor de frutas parecida com o refrigerante (popular): TUBAÍNA
• guaraná de pobre: TUBAÍNA
• uma bebida com o sabor parecido com refrigerante e o preço bem mais em conta: TUBAÍNA

RINOCERONTE:
• animal selvagem: LEÃO
• animal grande, mamífero, vive na água e na terra: HIPOPÓTAMO

- animal de grande porte, com único chifre localizado na parte frontal da face, não encontrado no Brasil; é mamífero: ???
- um hipopótamo com chifre: ???
- mamífero tão grande quanto o elefante, que vive na água e na terra: RINOCERONTE

INFLAÇÃO:

- taxa que implica o aumento ou diminuição dos preços dos produtos: INFLAÇÃO
- aumento de juros no mercado financeiro: INFLAÇÃO
- se caracteriza pelo aumento da taxa de juros que consequentemente provoca queda do poder aquisitivo da população e aumento dos impostos: INFLAÇÃO
- termo econômico que significa que você tem que economizar muito para o dinheiro dar até o próximo mês: INFLAÇÃO

Esses exemplos bastam para você fazer a sua escolha, mas eu gostaria de fazer um comentário. Essa atividade está relacionada com os significados literais das palavras constantes nos cartões, os quais se encontram plasmados na mente dos estudantes. Observe-se como o elemento cultural, extralinguístico, desempenha papel importante no armazenamento desses significados. Por exemplo, o *ferry-boat* é um veículo que não faz parte da realidade cultural de muitos dos estudantes que participaram da atividade pelo simples fato de eles viverem no semiárido baiano. Por isso, muitos tiveram dificuldade para elaborar e para processar a definição de *ferry*. A palavra *rinoceronte* também apresentou problemas para vários estudantes. Somente aqueles que se interessam pelo mundo animal é que não tiveram dificuldade de definir *rinoceronte* e de processar a definição.

Experimente realizar uma atividade semelhante, com outras palavras. Você vai achar interessante e perceber que redigir definições é uma habilidade que precisa ser praticada.

Vejamos um trecho de um panfleto distribuído em sinaleiras no mês de setembro de 2005 em Salvador para reafirmar a importância de se saber redigir uma definição. O objetivo do panfleto que recebi é divulgar um plano de saúde participativo. Fiquei curioso a respeito do que seria um plano de saúde participativo. O próprio panfleto lança a pergunta sobre a definição desse produto: "O que é um plano participativo?" Em seguida, dá a resposta: "Plano de Saúde Participativo Unimed Salvador é um plano inteligente criado para você ter acesso aos melhores médicos, hospitais, clínicas e laboratórios com todas as vantagens e garantias da Unimed Salvador". O que você acha dessa definição? Deu para entender o que é um plano participativo? Você gostaria de participar de um plano desse a partir dessa definição?

E já que estamos falando de definições, não há como não falarmos dos **dicionários**. Se há uma obra de referência que acompanha (ou que deveria acompanhar) o estudante desde o ensino fundamental até a pós-graduação, esta obra é o dicionário. Os estudantes precisam aprender que o dicionário traz muitas informações sobre as palavras. A grafia, a pronúncia, a etimologia, o uso, o significado e os sinônimos são algumas das informações apresentadas em um dicionário. Há ainda comentários formais e semânticos sobre as palavras.

Os estudantes precisam se acostumar a usar o dicionário para atividades de leitura e de escrita. Para isso, o professor deve organizar atividades que levem os estudantes a se familiarizarem com o formato dos dicionários e com os diversos tipos de dicionários. Geralmente, os estudantes conhecem os dicionários monolíngues e bilíngues, mas é interessante apresentá-los a outros tipos de dicionários, como os dicionários de sinônimos e os dicionários ilustrados.

Enfim, saber usar o dicionário é parte da competência comunicativa dos usuários de uma língua. Por isso, eu não poderia deixar de ressaltar, por meio deste capítulo, a importância de se treinarem os alunos no uso dos dicionários.

O último ponto que considero importante abordar em sala de aula é a **ambiguidade**. Vimos que ela pode ser causada por palavras polissêmicas (ambiguidade lexical) ou pela estrutura sintática (ambiguidade sintática ou estrutural). Às vezes, os estudantes não prestam atenção a isso e elaboram textos com sentenças ambíguas inconscientemente. Um fator importante para o sucesso na produção e na compreensão de textos é estar o mais consciente possível a respeito das estratégias utilizadas nesses dois processos textuais.

Uma atividade que pode ser feita com os estudantes é pedir para que eles relatem situações em que houve um mal-entendido por causa de alguma ambiguidade. Outra é pedir para que os estudantes contem piadas em que o humor é provocado pela ambiguidade.

Mais uma atividade possível é fornecer uma lista de sentenças isoladas para que os estudantes decidam se há nelas ambiguidade potencial e, em caso de haver, que eles determinem a causa da ambiguidade e sugiram uma forma de desambiguizá-las. Aqui está um exemplo de lista de sentenças que pode ser usada em sala de aula para que os alunos as analisem quanto à ambiguidade:

> a) Yoko Ono falará de seu marido que foi morto em uma entrevista a David Letterman.
>
> b) O programa desta noite abordará os problemas de estresse e do casamento com Hebe Camargo.
>
> c) O cacau está caindo.
>
> d) Mônica não liga muito pra Cebolinha.
>
> e) O policial atirou no bandido com uma metralhadora.
>
> f) O peixe está bem preparado.
>
> g) O professor fez um bolo na aula passada.
>
> h) Dinho, que som é esse?
>
> i) Todos os alunos amam uma menina.
>
> j) Os baianos estão preocupados com o Leão.
>
> k) Os argentinos dançaram cedo no Mundial de 2002 (jornal *A Tarde*).
>
> l) A crise política não está criando obstáculos pra que a gente perca o rumo (Ministro Luiz Furlan no *Jornal da Bandeirantes*, 07/07/2005).
>
> m) O governo é petista. Mas seja qual governo for, a maior atração são os tucanos (07/07/2005, *Jornal da Bandeirantes* a respeito das comemorações do Dia da Independência).

Ullmann (1964: 312) lembra que, para Aristóteles, "as palavras de significado ambíguo são principalmente úteis para permitir ao sofista desorientar os seus ouvintes". Portanto, os estudantes precisam estar preparados para não serem desorientados e para saberem desorientar, né? (Por que não?)

Dois outros pontos importantes para serem abordados em sala de aula são a argumentação e os significados veiculados por estruturas gramaticais. Reservarei esses dois pontos para um outro livro especificamente voltado para o ensino de português. Por enquanto, é só. Espero que este livro seja útil para você.

Referências

ALSTON, William (1970). Theories of meaning. In: LEHRER, Keith; LEHRER, Adrienne (orgs.). *Theory of meaning*. Englewood Cliffs: Prentice-Hall, p. 17-43.

ALLWOOD, Jeans; ANDERSON, Lars-Gunner; DAHL, Östen. *Logic in Linguistics*, reimp. Cambridge University Press, 1995.

ARROJO, Rosemary (2002). *Oficina de tradução*: a teoria na prática. 4. ed. 3. imp. São Paulo: Ática.

AUSTIN, John (1990 [1955]). *Quando dizer é fazer*. Porto Alegre: Artes Médicas [Tradução Danilo Souza Filho – Título original: *How to do things with words*].

BAKER, Mona (1999). *In other words* – A coursebook on translation. Londres: Routledge.

BALLY, Charles (1951). *Traité de stylistique française*. 3. ed. 9. reimp. Genebra/Paris: Librairie Georg/Cie AS/Librairie C. Klincksieck.

BÉJOINT, Henri (2000). *Modern lexicography* – An introduction. Londres: Oxford University Press.

BENDIX, Edward (1966). "Componential analysis of general vocabulary: the semantic structure of a set of verbs in english, hindi, and japanese". *International Journal of American Linguistics*, vol. 32, n. 2, parte 2, abr. Indiana.

BIBER, Douglas; JOHANSSON, Stig; LEECH, Geoffrey et al. (1999). *Longman grammar of spoken and written English*. China: Longman.

BINNICK, Robert (1969). *An application of an extended generative semantic model of language to man-machine interaction* [http:// http://acl.ldc.upenn.edu/C/C69/C69-1801.pdf – Acesso em: 04/02/07].

BLOOMFIELD, Leonard (1941 [1933]). *Language*. Nova York: Henry Holt and Company.

BONOMI, Andréa & USBERTI, Gabriele (1983 [1971]). *Sintaxe e semântica na gramática transformacional.* São Paulo: Perspectiva [Tradução Roberto Figurelli – Título original: *Sintassi e semantica nella grammatica transformazionale*].

BORGES NETO, José (2004a). Diálogo sobre as razões da diversidade teórica na linguística. In: BORGES NETO, José. *Ensaios de filosofia da linguística.* São Paulo: Parábola, p. 17-29.

_____ (2004b). De que trata a linguística, afinal? In: BORGES NETO, José. *Ensaios de filosofia da linguística.* São Paulo: Parábola, p. 31-65.

_____ (2004c). O pluralismo teórico na linguística. In: BORGES NETO, José. *Ensaios de filosofia da linguística.* São Paulo: Parábola, p. 67-82.

_____ (2004d). Formalismo x funcionalismo nos estudos linguísticos. In: BORGES NETO, José. *Ensaios de filosofia da linguística.* São Paulo: Parábola, p. 83-93.

_____ (2003). Semântica de modelos. In: MÜLLER, Ana Lúcia et al. (orgs.). *Semântica formal.* São Paulo: Contexto, p. 7-46.

BOUQUET, Simon (2000). *Introdução à leitura de Saussure.* São Paulo: Cultrix [Tradução Carlos Salum e Ana Lúcia Franco – Título original: *Introduction à la lecture de Saussure*].

BRAIT, Beth (1996). *Ironia em perspectiva polifônica.* Campinas: Unicamp.

BRANDÃO, Roberto (1989). *As figuras de linguagem.* São Paulo: Ática.

BRÉAL, Michel (1992 [1897]). *Ensaio de semântica* – Ciência das significações. São Paulo: Educ/PUC [Tradução Aída Ferraz et al. – Título original: *Essai de semántique* - Science des significations].

BUENO, Francisco Silveira (org.) (1969). *Dicionário Escolar da Língua Portuguesa.* 6. ed. Rio de Janeiro: Fename.

CANN, Ronnie (1994). *Formal semantics*: an introduction. [s.l.]: Cambridge University Press.

CARROLL, Lewis (2002 [1871]). *Alice no país dos espelhos.* São Paulo: Nacional [Tradução Monteiro Lobato – Título original: *Through the looking glass*].

CHANNELL, Joanna (1994). *Vague language.* Londres: Oxford University Press.

CHARBONNEAU, Paul-Eugéne (1986). *Curso de filosofia*: lógica e metodologia. São Paulo: EPU.

CHIERCHIA, Gennaro (2003). *Semântica.* Campinas/Londrina: Unicamp/Eduel [Tradução Luis Pagani et al. – Título original: *Semântica*].

CHOMSKY, Noam (1980 [1957]). *Estruturas sintácticas*. Lisboa: Ed. 70 [Tradução Madalena Ferreira – Título original: *Syntactic structures*].

_____ (1978 [1965]). *Aspectos da teoria da sintaxe*. 2. ed. Coimbra: Arménio Amado [Tradução José António Meireles e Eduardo Raposo – Título original: *Aspects of the theory of syntax*].

COHEN, Jonathan (1999). The semantics of metaphor. In: ORTONY, Andrew (org.). *Metaphor and thought*. 2. ed. Nova York: Cambridge University Press, p. 58-70.

CLARK, Eve (1992). Conventionality and contrast: pragmatic principles with lexical consequences. In: LEHRER, Adrienne; KITTAY, Eva (org.). *Frames, fields and contrasts*: new essays in semantic and lexical organization. Nova Jersey: Lawrence Erlbaum Associates, p. 171-188.

COSERIU, Eugenio (2000). Bréal: su lingüística y su semántica. In: HERNANDÉZ, Marcos et al. (orgs.). *Cien años de investigación semántica*: de Michel Bréal a la actualidad. Vol. 1. Madri: Ediciónes Clásicas, p. 21-43.

_____ (1986 [1977]). *Principios de semántica estructural*. 2. ed. reimp. Madri: Gredos [Tradução Marcos Hernández].

CRUSE, D. Alan (1997). *Lexical semantics*. Londres: Cambridge University Press.

CULLER, Jonathan (1997). *Sobre a desconstrução*: teoria e crítica do pós-estruturalismo. Rio de Janeiro: Rosa dos Tempos [Tradução Patrícia Burrowes – Título original: *On deconstruction*: theory and criticism after structuralism].

CUNHA, Celso & CINTRA, Lindley (1995). *Nova gramática do português contemporâneo*. 2. ed. 35. imp. Rio de Janeiro: Nova Fronteira.

DA SILVA, Augusto Soares (1999). *A semântica de deixar*: uma contribuição para a abordagem cognitiva em semântica lexical. Braga: Fundação Calouste Gulbekian.

DUCROT, Oswaldo (1972). *Princípios de semântica linguística* (dizer e não dizer). São Paulo: Cultrix [Tradução Carlos Vogt et al. – Título original: *Dire et ne pas dire*: príncipes de sémantique linguistique].

EAGLETON, Terry (1998). *As ilusões do pós-modernismo*. Rio de Janeiro: Zahar [Tradução Elizabeth Barbosa – Título original: *The illusions of postmodernism*].

ECO, Umberto (2001a). Interpretação e história. In: ECO, Umberto. *Interpretação e superinterpretação*. São Paulo: Martins Fontes, p. 27-51 [Título original: *Interpretation and overinterpretation*].

_____ (2001b). Superinterpretando textos. In: ECO, Umberto. *Interpretação e superinterpretação*. São Paulo: Martins Fontes, p. 53-77 [Título original: *Interpretation and overinterpretation*].

_____ (2001c). Entre o autor e o texto. In: ECO, Umberto. *Interpretação e superinterpretação*. São Paulo: Martins Fontes, p. 79-104 [Título original: *Interpretation and overinterpretation*].

_____ (2001d). Réplica. In: ECO, Umberto. *Interpretação e superinterpretação*. São Paulo: Martins Fontes, p. 163-177 [Título original: *Interpretation and overinterpretation*].

_____ (2001e). *As formas do conteúdo*. 3. ed. São Paulo: Perspectiva [Tradução Pérola de Carvalho – Título original: *Le forme del contenuto*].

_____ (2000). *Os limites da interpretação*. São Paulo: Perspectiva [Tradução Pérola de Carvalho – Título original: *I limiti dell'interpretazione*].

_____ (1998). *Kant e o ornitorrinco*. Rio de Janeiro: Record [Tradução Ana Thereza Vieira – Título original: *Kant e l'ornitorinco*].

_____ (1984). *Conceito de texto*. São Paulo: T.A. Queiroz/Edusp [Tradução Carla de Queiroz].

FERREIRA, A. (1999). *Novo Aurélio Século XXI*: o dicionário da língua portuguesa. 3. ed. rev. amp. Rio de Janeiro: Nova Fronteira.

FIENGO, Robert & MAY, Robert (1997). Anaphora and identity. In: LAPPIN, Shalom (org.). *The handbook of contemporary semantic theory*. Malden: Blackwell, p. 117-144.

FILLMORE, Charles (1997). *Lectures on deixis*. Stanford: CSLI.

FISH, Stanley (2000 [1980]). *Is there a text in this class?* – The authority of interpretive communities. 11. imp. Cambridge: Harvard University Press.

FODOR, Janet (1997 (1977]). *Semántica*: teorías del significado en la gramática generativa. Madri: Cátedra [Tradução Francisco García – Título original: *Semantics*: theories of meaning in generative grammar].

FOUCAULT, Michel (2002 [1970]). *A ordem do discurso* – Aula inaugural no Collége de France, pronunciada em 2 de dezembro de 1970. São Paulo: Loyola [Tradução Laura Sampaio – Título original: *L'ordre du discourse* – Leçon inaugurale au Collége de France prononcée le 2 decembre 1970].

FRIES, Charles (1970 [1954]). Meaning and linguistics. In: LEHRER, Keith & LEHRER, Adrienne. *Theory of meaning*. Englewood Cliffs: Prentice-Hall, p. 159-175.

FROMKIN, Victoria & RODMAN, Robert (1933). *Introdução à linguagem*. Coimbra: Almedina [Tradução Isabel Casanova – Título original: *An introduction to language*].

FROTA, Maria Paula (2000). *A singularidade na escrita tradutora*. Campinas: Pontes.

_____ (1999). Por uma redefinição de subjetividade nos estudos da tradução. In: MARTINS, Márcia (org.). *Tradução e multidisciplinaridade*. Rio de Janeiro: Lucerna, p. 52-70.

GECKELER, Horst (1976). *Semántica estructural y teoría del campo léxico*. Madri: Gredos [Tradução Marcos Hernández – Título original: *Struckturelle semantik und wortfeldetheorie*].

GEIM – Grupo de Estudos da Indeterminação e da Metáfora (2002). Apresentação à edição brasileira. In: LAKOFF, George & JOHNSON, Mark. *Metáforas da vida cotidiana*. Campinas/São Paulo: Mercado das Letras/Educ, p. 9-37 [Tradução Geim – Título original: *Metaphors we live by*].

GIBBS, Raymond (1999). Process and products in making sense of tropes. In: ORTONY, Andrew (org.). *Metaphor and thought*. 2. ed. Nova York: Cambridge University Press, p. 254-276.

GRADUATE RECORD EXAMINATIONS BOARD (1994). *GRE practicing to take the general test*. 9. ed. [s.l.]: ETS.

GRICE, Paul (1975). Logic and conversation. In: COLE, Peter & MORGAN, Jerry (orgs.). *Syntax and semantics*. Vol. 3. Speech acts. Nova York: Academic Press, p. 41-58 [http://www.sfu.ca/~jeffpell/Cogs300/GriceLogicConvers75.pdf – Acesso em 27/06/07].

GREIMAS, Algirdas Julien (1996 [1966]). *Semântica estrutural*. 2. ed. São Paulo: Cultrix [Tradução Haquira Osakabe e Izidoro Blikstein – Título original: *Sémantique structurale* – Recherche de méthode].

GROENENDIJK, Jeroen; STOKHOF, Martin & VELTMAN, Frank (1997). Coreference and modality. In: LAPPIN, Shalom (org.). *The handbook of contemporary semantic theory*. Malden: Blackwell, p. 179-213.

GUIMARÃES, Eduardo (2002). *Os limites do sentido*: um estudo histórico e enunciativo da linguagem. 2. ed. Campinas: Pontes.

GUZMÁN, Laura (2000). Valores semánticos del término semántica – Su alcance y límites. In: HERNANDÉZ, Marcos et al. (orgs.). *Cien años de investigación semántica*: de Michel Bréal a la actualidad. Vol. 1. Madri: Ediciónes Clásicas, p. 543-556.

HERMANS, Theo (1995). Translation as institution. In: SNELL-HORNBY, Mary et al. *Translation as intercultural communication*: selected papers from the EST Congress. Prague, 1994. Amsterdã: John Benjamins, p. 3-20.

HIPKISS, Robert. A. (1995). *Semantics* – Defining the discipline. Nova Jérsei: Lawrence Erlbaum.

HORN, Lawrence (1997). Pressupositon and implicature. In: LAPPIN, Shalom (org.). *The handbook of contemporary semantic theory*. Malden: Blackwell, p. 299-319.

HUDSON, Richard (1995). *Word meaning*. Londres: Routledge.

ILARI, Rodolfo & GERALDI, João (2002). *Semântica*. 10. ed. 5. imp. São Paulo: Ática.

INGRAM, Jay (1992). Where are the words? In: *Talk, talk, talk*: an investigation into the mystery of speech. [s.l.]: Penguin Books, p. 69-80.

IORDAN, Iorgu (1982). *Introdução à linguística românica*. 2. ed. Lisboa: Fundação Calouste Gulbenkian [Tradução Júlia Ferreira – Título original: *Einführing in die Geschichte und Methoden der Romanischen Sprachwissenschaften*].

JACKSON, Howard & AMVELA, Etienne (2000). *Words, meaning and vocabulary* – An introduction to modern english lexicology. Londres: Cassell.

KATZ, Jerrold (1972). *Semantic theory*. Nova York: Harper & Row.

KATZ, Jerrold & FODOR, Jerry (1977 [1964]). Estrutura de uma teoria semântica. In: LOBATO, L. *A semântica na linguística moderna* – O léxico. Rio de Janeiro: Francisco Alves, p. 77-129.

KEMPSON, Ruth (1977). *Teoria semântica*. Rio de Janeiro: Zahar [Tradução Waltensir Dutra – Título original: *Semantic Theory*].

KOCH, Ingedore (1997). *O texto e a construção dos sentidos*. São Paulo: Contexto.

KRÖLL, Heinz (1984). *O eufemismo e o disfemismo no português moderno*. Lisboa: Instituto de Cultura e Língua Portuguesa.

LADUSAW, William (1997). Negation and polarity items. In: LAPPIN, Shalom (org.). *The handbook of contemporary semantic theory*. Malden: Blackwell, p. 321-341.

LAHUD, Michel (1979). *A propósito da noção de dêixis*. São Paulo: Ática.

LAKOFF, George (1999). The contemporary theory of metaphor. In: ORTONY, Andrew (org.). *Metaphor and thought*. 2. ed. Nova York: Cambridge University Press, p. 202-251.

_____ (1973). "Deep language". *The New York Review of Books*, vol. 20, n. 1. Nova York.

LAKOFF, George & JOHNSON, Mark (1981). *Metaphors we live by*. Chicago: The University of Chicago Press.

LEHRER, Adrienne (1974). *Semantic fields and lexical structure*. [s.l.]: North-Holland.

LEHRER, Keith (1970). Meaning in philosophy. In: LEHRER, Adrienne & LEHRER, Keith (org.). *Theory of meaning*. Englewood Cliffs: Prentice Hall, p. 1-8.

LEVIN, Samuel (1999). Language, concepts, and worlds. In: ORTONY, Andrew (org.). *Metaphor and thought*. 2. ed. Nova York: Cambridge University Press, p. 112-134.

LEVINSON, Stephen (1995 [1983]). *Pragmatics*. Nova York: Cambridge University Press.

LOBATO, Lúcia (1986). *Sintaxe gerativa do português*: da teoria padrão à teoria da regência e ligação. Belo Horizonte: Vigília.

LOBATO, Monteiro (s.d.). *Emília no país da gramática*. 39. ed. 15. imp. São Paulo: Brasiliense.

LOCKE, John (1970 [1690]). Of Words. In: HAYDEN, Donald & ALWORTH, E. Paul (orgs.). *Classics in semantics*. Nova York: Books for Library Press, p. 39-57.

LOPES, Edward (1994). *Fundamentos da linguística contemporânea*. 14. ed. São Paulo: Cultrix, 346 p.

LUCCHESI, Dante (1998). *Sistema, mudança e linguagem*: um percurso da linguística neste século. Lisboa: Colibri.

LYONS, John (1995). *Linguistic semantics* – An introduction. Cambridge: Cambridge University Press.

_____ (1987). *Linguística e linguagem*: uma introdução. Rio de Janeiro: Guanabara Koogan [Tradução Marilda Averbug e Clarisse de Souza – Título original: *Language and linguistics*].

MARQUES, Maria Helena Duarte (1996). *Introdução à semântica*. 3. ed. Rio de Janeiro: Zahar.

MARTINS, Moisés (s.d.). *O ponto de vista argumentativo da comunicação* [http: //ubista.ubi.pt/~comum/martins-moises-lemos-argumentativo.html – Acesso em 22/10/06].

MARTINS, Nilce (2000). *Introdução à estilística*: a expressividade na língua portuguesa. 3. ed. São Paulo: T.A. Queiroz.

MEY, Jacob L. (1994). *Pragmatics*: an introduction. Londres: Blackwell.

MILL, John Stuart (1970 [1868]). Of definition. In: HAYDEN, Donald & ALWORTH, Paul. *Classics in semantics*. Nova York: Books for Libraries Press, p. 103-128.

MONTEIRO, José Lemos (2000). *Para compreender Labov*. Petrópolis: Vozes.

MOUNIN, George (1963). *Os problemas teóricos da tradução*. São Paulo: Cultrix [Tradução Heloysa Dantas – Título original: *Les problemes theoriques de la traduction*].

MOURA, Heronildes (1998). "Semântica e argumentação: diálogo com Oswald Ducrot". *Delta*, vol. 14, n. 1. São Paulo [http://www.scielo.br/scielo.php?pid=S0102-44501998000100008&script=sci_arttext – Acesso em 22/10/06].

NIDA, Eugene (1975). *Componential analysis of meaning* – An introduction to semantic structures. The Hague: Mouton.

OGDEN, Charles & RICHARDS, Ivor (1989 [1923]). *The meaning of meaning*. 9. ed. [s.l.]: Hacourt Brace Jovanovich.

OLIVEIRA, Luciano Amaral (2004a). "Mapeamento semântico do turismo sustentável (arquitetando um novo país)". *Boletim Técnico do Senac*, vol. 30, n. 1, jan.-abr., p. 13-19. Rio de Janeiro.

_____ (2004b). "Barreiras semânticas à epistemologia do turismo". *Círculo* – Revista Baiana de Ciências Sociais Aplicadas, n. 2, jul.-dez., p. 49-58. Salvador.

_____ (2004c). "Linguagem e problemas de comunicação na empresa". *Círculo* – Revista Baiana de Ciências Sociais Aplicadas, n. 2, jul.-dez., p. 69-77. Salvador.

_____ (2004d). "O ensino pragmático da voz passiva". *Calidoscópio* – Revista de Lingüística Aplicada, vol. 2, n. 1, jan.-jun., p. 49-54. São Leopoldo.

_____ (2004e). "Os limites semânticos de Humpty Dumpty". *A Cor das Letras* – Revista do Departamento de Letras e Artes da Universidade Estadual de Feira de Santana, n. 5, p. 157-169. Feira de Santana.

_____ (2003). "Formalismo e funcionalismo: fatias da mesma torta". *Sitientibus*, n. 29, jul.-dez., p. 95-104. Feira de Santana.

_____ (2002/2003). "Palavra, significado, física quântica e mediunidade". *Estudos Linguísticos e Literários*, n. 29/30, p. 99-110. Salvador.

ORDÓÑEZ, Salvador (1992). *Introducción a la semántica funcional*. Madri: Síntesis.

Oxford Advanced Learner's Dictionary (1994). 4. ed. 2. imp. Londres: Oxford University Press.

PARTEE, Barbara (1997). The development of formal semantics in linguistic theory. In: LAPPIN, Shalom (org.). *The handbook of contemporary semantic theory*. Malden: Blackwell, p. 11-38.

PEIRCE, Charles (1984 [1955]). *Semiótica e filosofia*. 3. ed. São Paulo: Cultrix.

PÊCHEUX, Michel (1997 [1975]). *Semântica e discurso* – Uma crítica à afirmação do óbvio. Campinas: Unicamp [Tradução Eni Orlandi et al. – Título original: *Les verités de la palice*].

PENTEADO, José Roberto (2001). *A técnica da comunicação humana.* 13. imp. São Paulo: Pioneira.

PLATÃO. Cratylus (1970 [360 a.C.]). In: HAYDEN, D. & ALWORTH, S. (orgs.). *Classics in semantics.* Nova York: Books for Library Press, p. 1-13.

PORZIG, Walter (1964). *El mundo maravilloso del lenguaje* – Problemas, métodos y resultados de la lingüística moderna. Madri: Gredos [Tradução Abelardo Moralejo – Título original: *Das Wunder der Sprache* – Probleme, Methoden und Ergebnisse der modernen Sprachwissenschaft].

RADFORD, Andrew (1996). *Transformational grammar*: a first course. Londres: Cambridge University Press.

RAJAGOPALAN, Kanavillil (1992). A trama do signo: Derrida e a desconstrução de um projeto saussuriano. In: ARROJO, Rosemary (org.). *O signo descontruído* – Implicações para a tradução, a leitura e o ensino. Campinas: Pontes, p. 25-29.

ROCHA LIMA, Carlos Henrique (1997). *Gramática normativa do português.* 34. ed. Rio de Janeiro: José Olympio.

SADOCK, Jerrold (1999). Figurative speech and linguistics. In: ORTONY, Andrew (org.). *Metaphor and thought.* 2. ed. Nova York: Cambridge University Press, p. 42-57.

SAUSSURE, Ferdinand (1999 [1916]). *Curso de linguística geral.* 21. ed. São Paulo: Cultrix [Tradução Antônio Chelin et al. – Título original: *Cours de linguistique générale*].

SEARLE, John (1981). *Os actos de fala.* Coimbra: Almedina [Tradução Carlos Vogt et al. – Título original: *Speech acts*].

STRAWSON, Peter (1968). On referring. In: PARKINSON, G.H.R. *The theory of meaning.* Londres: Oxford University Press, p. 61-85.

ULLMANN, Stephen (1964). *Semântica* – Uma introdução à ciência do significado. 2. ed. Lisboa: Fundação Calouste Gulbenkian [Tradução J.A. Osório Mateus – Título original: *Semantics* – An introduction to the science of meaning].

_____ (1957). *The principles of semantics.* 2. ed. Londres: Philosophical Library.

VOGT, Carlos. *O intervalo semântico.* São Paulo: Ática, 1977.

WITTGENSTEIN, Ludwig (1999 [1953]). *Investigações filosóficas.* São Paulo: Nova Cultural [Tradução José Carlos Bruni – Título original: *Philosophical Investigations*].

YAGUELLO, Marina (1997). *Alice no país da linguagem* – Para compreender a linguística. Lisboa: Estampa [Tradução Maria José Figueiredo – Título original: *Alice au pays du langage* – Pour comprendre la linguistique].

YULE, George (1996). *Pragmatics*. Hong-Kong: Oxford University Press.

ZALTA, Edward (s.d.). *Gottlob Frege* [http://plato.stanford.edu/entries/frege/#Lang – Acesso em 24/03/05].

ZULICK, Margaret (s.d.). *Tropes and figures* [http:// http://www.wfu.edu/~zulick/454/figures/tropesindex.htm – Acesso em 03/06/05].

Notas: trechos originais

[1] I should explain to you, Socrates, that our friend Cratylus has been arguing about names; he says that they are natural and not conventional; not a portion of the human voice which men agree to use; but that there is a truth or correctness in them, which is the same for Hellenes as for barbarians.

[2] [...] es posible imitar el mundo de los sonidos por medio de los sonidos del lenguaje. Y en todas las lenguas del mundo está realizada esta posibilidad en cierta extensión.

[3] [...] all is convention and habits of the user.

[4] [...] speech becomes so natural to us that we even use the adjective "natural" to define a language that we perceive as being the opposite of truly artificial, e.g. logical or computer languages. But strictly speaking, there are no such things as natural languages; the only languages we have are the ones that have been developed as artifacts of society, among users and for users.

[5] It restricts the number of practically available options in recurrent situations of a given type by offering a particular option as the one known to be preferred by everyone involved. In so doing, in promoting coordination, the convention makes everyone's behaviour more predictable by reducing uncertainty and contingency.

[6] Without conventionality, it is unclear how speakers and their addresses could reach mutually agreed on interpretations of what the speakers were trying to convey.

[7] [...] all it means is the absence of any intrinsic motivation or justification, any "natural" connection between the name and the sense.

[8] Suppose that Jack and Jill are walking down a lane. Jill is hungry. She sees an apple in a tree. She makes a noise with her larynx, tongue and lips. Jack vaults the fence, climbs the tree, takes the apple, brings it to Jill, and places it in her hand. Jill eats the apple.

[9] We have defined the *meaning* of a linguistic form as the situation in which the speaker utters it and the response which it calls forth in the hearer.

¹⁰ [...] our knowledge of the world in which we live is so imperfect that we can rarely make accurate statements about the meaning of a speech-form.

¹¹ The statement of meanings is therefore the weak point in language-study, and will remain so until human knowledge advances very far beyond its present state. In practice, we define the meaning of a linguistic form, wherever we can, in terms of some other science.

¹² Meaning, as at least one linguist has expressed it, has become a "dirty word"; but if the name tends to be avoided, there is no doubt that every linguist employs the concept, though some would be unwilling to admit such improper thoughts. And surely, without meaning linguistics cannot exist.

¹³ It has become painfully common to say that I, or rather, a whole group of language students of whom I am one, pay no attention to meaning or neglect it, or even that we undertake to study language without meaning, simply as meaningless sound...It is not just a personal affair that is involved in the statements to which I have referred, but something which, if allowed to develop, will injure the progress of our science by setting up a fictitious contrast between students who consider meaning and students who neglect it or ignore it. The latter class, so far as I know, does not exist.

¹⁴ Semantics is the study of linguistic meaning. It is concerned with what sentences and other linguistic objects express, not with the arrangement of their syntactic parts or with their pronunciation. Nearly everyone agrees on this. It is also generally agreed that the basic question of semantics is "What is meaning?" But at this point agreement ends and interminable controversies begin about what kind of thing meaning is. There is disagreement on issues of every sort, including the fundamental one of whether we would be better off without it.

¹⁵ [...] the study of meaning, there will be many different, but intersecting, branches of semantics: philosophical semantics, psychological semantics, anthropological semantics, linguistic semantics, and so on.

¹⁶ One of the reasons why research into meaning (in natural language) is so difficult is the variety of definitions which different workers have given to the term *meaning*. [...] The linguist's problem, however, is not to find *the* meaning of *meaning*, in many respects a nebulous concept, but rather to formulate a definition with which he, as a linguist, can work. This need not even be labeled a definition of the term meaning itself but only of some researchable object which he feels justified in provisionally calling by this name.

¹⁷ [...] we simple *fail* to say anything true or false because we simply fail to mention anybody by this particular use of that perfectly significant phrase.

[18] Neither Aristotelian nor Russellian rules give the exact logic of any expression of ordinary language; for ordinary language has no exact logic.

[19] Not all linguists are convinced that truth-conditions have the central place (or any place at all) in semantic linguistics that formal semantics give them.

[20] The semantics of the "realist" philosophers and truth theorists was only a partial semantics at best. In their passion for a grounding in physical reality and attachment to scientific observation and verification, they were like the Behaviorist school of psychology, led by John Watson in the United States in the 1920s and 1930s: bound to believe in the existence only of what they could verify with physical precision, they not only omitted half or more of man's conscious experience but, by not considering its relation to the other half, the distorted the truth of what they did investigate.

[21] Every one knows that the sentence, "The table is covered with books", is significant, and every one knows what it means. But if I ask, "What object is that sentence about?" I am asking an absurd question – a question which cannot be asked about the sentence, but only about some use of the sentence: and in this case the sentence hasn't been used, it has only been taken as an example.

[22] [...] logic and language are strange fellow-travellers: the amount of ground they cover between them is not very encouraging, at any rate for the logician.

[23] A theory of meaning for a natural language must contain not only a semantics – a recursive characterization of truth – but also a theory of use, so as to determine how sentences may be used by speakers to make statements, given the material conditions for their truth, speakers' intentions and context.

[24] My goal here is to survey some recent proposals and results in the analysis of natural language negation within the assumptions of generative grammar and the project of applying formal semantic techniques to the interpretation of natural language structures.

[25] [...] rápidamente en Alemania como teoría del cambio semántico – teoría que trata de establecer los tipos de tal cambio y su motivación, así como sus eventuales "leyes", es decir, normas [...].

[26] La semántica léxica de Bréal es, sin duda, superior a la semasiología de su tiempo, pero no es otra cosa que la semasiología. Es superior porque se halla integrada en una teoría general del cambio lingüístico, porque implica la distinción bastante clara entre tipo y motivación del cambio semántico [...], porque contiene una serie de explicaciones luminosas, etc. Pero en cuanto disciplina – por su objeto, sus objetivos y sus distinciones básicas – , sigue siendo la misma "semasiología", aunque con otro nombre.

[27] The object of the analysis of semantic fields is to collect all the words that belong to a field and show the relationship of each of them to one another and to the general term.

[28] Fields are linguistic realities existing between single words and the total vocabulary; they are parts of a whole and resemble words in that they combine into some higher unit, and the vocabulary in that they resolve themselves into smaller units.

[29] On the whole, the smaller and more specific the field, the more agreement there is among speakers on what words belong to the set. There is also agreement on the basic items in a field, whereas the disagreement is greater with respect to peripheral items – in fact many speakers may not be familiar with the peripheral items.

[30] [...] theoretical constructs which can characterize the vocabulary of a language; each lexical item will be defined in terms of the components. In a sense, a dictionary definition is an informal componential analysis. However, in contrast to traditional lexicography, componential analysis tries to be systematic.

[31] [...] but only to point out distinctive contrasts which serve to separate one meaning or set of meanings from the others.

[32] [...] precursores de los sistemas de contenido, pero lo cierto especificações que ninguno de los radios de asociación que el maestro ginebrino propone para el vocabulo *enseignement* tiene nada que ver con lo que entendemos por un sistema léxico.

[33] [...] con otra que se encuentre constantemente o a menudo en el mismo contexto real – como el arado y el buey del ejemplo de Ch. Bally – , pero esto no tiene en sí nada de lingüístico. Del mismo modo, las ideas de fuerza, de resistencia, etc., es el objeto buey el que las evoca (o su imagen), no la palabra *bouef*; y las evoca e*n la comunidad francesa*, no "en francés", como dice Bally.

[34] The term "antonymy" was coined in the nineteenth century to describe a phenomenon, oppositeness of meaning, which was itself conceived as being the opposite of synonymy; and there has been a lot of confusion in semantics caused by the common practice of treating the terms "synonym" and "antonym" themselves as opposites. "Antonymy" (in the broader sense of "oppositeness of meaning") has often been thought of as referring to the opposite extreme from identity of meaning: i.e. to the maximum degree of difference in meaning. But this is obviously wrong, in so far as most of the examples of antonymy cited in dictionaries and handbooks of semantics are concerned. When we compare and contrast two objects with respect to their possession or lack of one or more properties, we do so generally on the basis of their similarities.

[35] The predominant semantic theories during the period of early generative grammar (e.g. Katz and Fodor,1963), assumed that meaning was determinate, with clear boundaries,

and a clever investigator, using subtle tests, could overcome the apparent messiness in the data and discover the *true* semantic characterization. However, any working lexical semanticist who describes a lexical field of a natural language (as opposed to a theoretician who carefully selects only those examples that fit the theory being developed) has had to deal with intrinsically fuzzy boundaries.

[36] [..] what we are trying to do is develop a linguistic theory that is rooted in the study of human thought and culture – the very antithesis of transformational grammar as narrowly construed by Chomsky.

[37] Metaphor is principally a way of conceiving of one thing in terms of another, and its primary function is understanding. Metonymy, on the other hand, has primarily a referential function, that is, it allows us to use one entity to *stand for* another. But metonymy is not merely a referential device. It also serves the function of providing understanding.

[38] [...] the fundamental problem about metaphor is a problem for our theory of *langue*, not for our theory of *parole*.

[39] [...] figuration in general, and metaphor in particular, are not specifically linguistic phenomena.

[40] The problem of explaining how metaphors work is a special case of the general problem of explaining how speaker meaning and sentence and word meaning come apart.

[41] [...] metaphor is typically viewed as characteristic of language alone, a matter of words rather than thought or action.

[42] [...] metaphor is pervasive in everyday life, not just in language but in thought and action. Our ordinary conceptual system, in terms of which we both think and act, is fundamentally metaphoric in nature.

[43] If we are right in suggesting that our conceptual system is largely metaphorical, then the way we think, what we experience, and what we do every day is very much a matter of metaphor.

[44] As John R. Searle argues, this solution is wrong. If I yell, "Coffee is ready!" to wake someone, then the use of the words is to wake a person. But it is not part of the meaning of the words that they are so used. [...] Even more conventional uses of words saying, for example, "The car is red," to tell someone the color of the car – do not constitute the meaning of those words. Because the words have the meaning they do I can use them to tell someone the color of a car. Their meaning is essential to my use of them. But, to say that my use of these words is part of their meaning is an error, like saying that the ax which I use to chop trees is nothing more than the uses to which the ax is put. This assertion is, of

course, absurd, since we can see that though the ax is essential to the cutting, the ax is one thing and the use is another. Similarly, the meaning of words is essential to some uses of the words, but the meaning of the words is one thing and their use another.

[45] [...] the study of the conditions of human language uses as these are determined by the context of society.

[46] [...] context is a dynamic, not a static, concept: it is to be understood as the surroundings, in the widest sense, that enable the participants in the communication process to interact, and make the linguistic expressions of their interaction possible.

[47] In the field theories the problem of distinguishing between homonymy and polysemy is avoided because words belonging to different semantic fields will be treated as different words. *Orange* "a color" belongs to the field of colors and *orange* "a fruit" belongs to the field of foods.

[48] Cf. o trecho original: [...] vagueness in language is neither all "bad" nor all "good". What matters is that vague language is used appropriately.

[49] This string, while syntactically a sentence, cannot be used as it is to make a statement, since it contains an open indexical term. Hence, whatever statement(s) it may be used to make is underdetermined by its linguistic form. In order for this sentence to be used to make a statement, the indexical term must be closed; some value must be fixed for it. This is the role of context – it must provide closure for what is open in sentences.

[50] [...] where a pronoun refers to a linguistic expression (or chunk of discourse) itself, it is discourse-deictic; where a pronoun refers to the same entity as prior linguistic expression refers to, it is anaphoric.

[51] Cf. trecho original: – There's glory for you!
– I don't know what you mean by "glory", Alice said.
Humpty Dumpty smiled contemptuously. "Of course you don't – till I tell you. I meant 'there's a nice knock-down argument for you!'"
– But "glory" doesn't mean "a nice knock-down argument", Alice objected.
– When I use a word, Humpty Dumpty said in rather a scornful ton, "it means just what I choose it to mean – neither more nor less".
– The question is, said Alice, "whether you can make words mean so many different things".

[52] [...] since the thoughts an individual can think and the mental operations he can perform have their source in some or other interpretive community, he is as much a product of that community (acting as an extension of it) as the meanings it enables him to produce. At a

stroke, the dilemma that gave rise to the debate between the champions of the text and the champions of the reader (of whom I had certainly been one) is dissolved because the competing entities are no longer perceived as independent. [...] the meanings and texts produced by the interpretive community are not subjective because they do not proceed from an isolated individual but from a public and conventional point of view.

[53] No dictionaries could exist without an element of permanence and stability, a kind of hard core or "inner fortress" within the area of meaning.

[54] A dictionary is a systematically arranged list of socialized linguistic forms compiled from the speech-habits of a given speech-community and commented on by the author in such a way that the qualified reader understands the meaning... of each separate form, and is informed of the relevant facts concerning the function of that form in its community.

[55] This level was conceived more or less syntactically, as an extension of the Chomskyan notion of linguistic competence, a linguistic system that every native speaker shares. I reasoned that if the speakers of a language share a system of rules that each of them has somehow internalized, understanding will, in some sense, be uniform.

CULTURAL

Administração
Antropologia
Biografias
Comunicação
Dinâmicas e Jogos
Ecologia e Meio Ambiente
Educação e Pedagogia
Filosofia
História
Letras e Literatura
Obras de referência
Política
Psicologia
Saúde e Nutrição
Serviço Social e Trabalho
Sociologia

CATEQUÉTICO PASTORAL

Catequese
Geral
Crisma
Primeira Eucaristia

Pastoral
Geral
Sacramental
Familiar
Social
Ensino Religioso Escolar

TEOLÓGICO ESPIRITUAL

Biografias
Devocionários
Espiritualidade e Mística
Espiritualidade Mariana
Franciscanismo
Autoconhecimento
Liturgia
Obras de referência
Sagrada Escritura e Livros Apócrifos

Teologia
Bíblica
Histórica
Prática
Sistemática

REVISTAS

Concilium
Estudos Bíblicos
Grande Sinal
REB (Revista Eclesiástica Brasileira)
SEDOC (Serviço de Documentação)

VOZES NOBILIS

Uma linha editorial especial, com importantes autores, alto valor agregado e qualidade superior.

PRODUTOS SAZONAIS

Folhinha do Sagrado Coração de Jesus
Calendário de mesa do Sagrado Coração de Jesus
Agenda do Sagrado Coração de Jesus
Almanaque Santo Antônio
Agendinha
Diário Vozes
Meditações para o dia a dia
Encontro diário com Deus
Guia Litúrgico

VOZES DE BOLSO

Obras clássicas de Ciências Humanas em formato de bolso.

CADASTRE-SE
www.vozes.com.br

EDITORA VOZES LTDA.
Rua Frei Luís, 100 – Centro – Cep 25689-900 – Petrópolis, RJ
Tel.: (24) 2233-9000 – Fax: (24) 2231-4676 – E-mail: vendas@vozes.com.br

UNIDADES NO BRASIL: Belo Horizonte, MG – Brasília, DF – Campinas, SP – Cuiabá, MT
Curitiba, PR – Florianópolis, SC – Fortaleza, CE – Goiânia, GO – Juiz de Fora, MG
Manaus, AM – Petrópolis, RJ – Porto Alegre, RS – Recife, PE – Rio de Janeiro, RJ
Salvador, BA – São Paulo, SP